1000人の
保護者・保育関係者に
聞いた困ってること

発達障害・グレーゾーンの子「こんなときどうする?」100の具体策

著者
南 友介

監修
茂木健一郎

KADOKAWA

毎朝のことでしょ！
早く着替えなさい！
危ないでしょ！
タタタタッ
コラ！
何してるの！
パチン

今日も疲れた…
ふう…
やっぱり
うちの子って発達障害
かもしれない…
どうしたらいいの…
いい方法が
ありますよ！

脳科学者の
茂木です。
お子さんの数だけ
脳の使い方は違うし
発達度合いには
デコボコがあります
どうも
活発な子
おとなしい子
運動が得意な子
勉強が好きな子

発達っ子（＝発達障害・グレー
ゾーンの子）は
得意と苦手の差が大きくて
お母さんは困ってしまうことも
多いかもしれませんね
私は
体操教室を運営して
いますが、発達っ子の
クラスもあります
そこでは通常クラスとは
先生の声かけや
対応法が違います
へー

通常クラス
みんな
次は
鉄棒だよ〜
は〜い！
発達っ子クラス
マットの
次に鉄棒を
します
は〜い！
どうして!?
うちの子
だったら…
こうなの
に！
イヤー！まだマットー!!
え!?

発達っ子は急な環境の変化や気持ちの切り替えを苦手とする子が多いんです
だから事前にこの後どうなるか伝えておくと安心するし納得してやってくれるんです
なるほど〜
フムフム
お母さんはお子さんが泣き叫んでいることに意識がいってませんか？
ハッ
きっとお子さんは困らせようとしているのではなく困っていることを全力で伝えているだけだと思います

座りなさい！
そうそう「〜しなさい」と言われてもできないのは脳の特性だから本人にもどうにもできないんです
特性に合わせた声かけや対応の仕方を知っておくといいですね

はじめに

はじめまして。全国で子ども向けの体操教室を運営している南友介と申します。体操教室には1歳から12歳までのお子さんがやってきます。真剣な眼差しで練習している子、初めての技を成功させて顔をくしゃくしゃにして喜んでいる子、なかなかうまくいかず悔しそうにしている子…お子さんの生き生きとした表情を見るのが私は大好きです。

けれど…先生の指示が聞けなかったり、自分のやりたいことを優先させてしまうお子さんもいます。そんなとき親御さんは過剰に叱っていたり、「すみません」と委縮していたり、お子さんではなく周りを見ている方が多いように感じます。迷惑をかけまい、お子さんを社会になじませていきたいと一生懸命になっているんですよね。私にも子どもがいるのでよくわかります。

成長の仕方もスピードも子どもによって違います。もしデコボコがあるならそれに合わせた声のかけ方やかかわり方をするだけで、ぐっと子育てはラクになります。それはお子さんにとっても同じことでしょう。

というのも、私自身も発達障害があり、学校では怒られることが多く、なぜ自分はみんなと同じようにできないんだろうと悩んでいたからです。幸いだったのは両親が私を責めたり否定したりしなかったことです。それだけのことかもしれませんが、私にとっては最も大切なベースになったと思っています。

子どもの頃は家が一つの世界です。過ごす時間も多いでしょう。だからこそ、ちょっとしたかかわり方のコツを知っていただきたいのです。特に発達がデコボコの子どもたち「発達っ子」にとってはとても有効です。本書では保護者の方と保育者の方のアンケートをもとに、困った度の高いものから順に対策を紹介しています。ぜひご活用いただき、お子さん、親御さんの笑顔が増えたのならばこれほど嬉しいことはありません。

南　友介

監修より

おとぎ話は教訓を学ばせるものだと思うけど、書かれる順番が間違っている気がするんだよね。たいてい努力したら幸せになるという内容だけど、そうじゃなくて、まずは「幸せ」が描かれるべきじゃないかな。

だって、子どもの場合は努力の前に、ただただ受け入れてもらえるっていう幸せがあるべきだと思うんだよね。スタートラインが幸せじゃないと、チャレンジも努力もできない。だから幸せっていうのは自己満足じゃなくて、「安全基地」なんじゃないかって思ってる。

発達っ子のように脳に特性があると、親御さんはその時点でスタートラインを幸せと思えなくなっているかもしれない。そうして、幸せになるためにへこんでいるところを埋めていかなければ、この子は幸せになれないと思っているかもしれない。

多くの人は「平均」を正しいと認識しがちだけれど、特性は偏差値のようなもので、飛びぬけて高いものもあれば低いもの、平均的なもの、誰もが種目によってまちまちなんだ。僕には数値で表されるこの多様性こそが、社会にとっても多様な人間が必要な表れではないかと思う。

発達っ子っていうとだいたい集中するのが苦手、文章の意味を読みとれないとか言われがちじゃない。できないことばかりを強調するんだよね。でも本当はこの多様性のどこかにこの子がいるわけで、だからこそ、そういうお子さんを肯定していけるように、本書を活用してもらえると嬉しいですね。

茂木健一郎

発達障害・グレーゾーンの子ってどんな子？

本書では発達障害・グレーゾーンの子を育てるうえでの困っていることを集め、解決方法を紹介しています。読まれているのはすでに発達障害の診断を受けている子の親御さんや「もしかしたらうちの子も…？」と不安に感じている親御さんだと思います。

ここ数年で発達障害という言葉の認知度はぐっと上がったと思いますが、改めて発達障害について基本的なことをお伝えします。

発達障害は、脳の機能に問題があり、脳と神経の働きがかみ合わず、発達の早さや質に違いがあることをいいます。グレーゾーンと呼ばれる子どもははっきりとした診断がつかない子を指します。特に乳幼児期の子どもは成長度合いに個人差があるので、グレーゾーンと診断されやすいです。私の主宰する教室では発達障害のお子さんもグレーゾーンのお子さんも「発達っ子」と呼んでいます。

発達障害は脳の特性なので治ることはありません。ですから、子どもの特性をよく知り、よい行動ができるようにサポートしていくことが大切です。

発達障害は大きく3つの特性に分けられます。しかし、発達障害は境界線を引くことが非常に難しく、ひとつの特性だけ持っている場合もあれば複数の要素が重なっている場合もあります。発達に遅れが見られる部分もありますが、定型発達の子よりできる部分を持っていることもあります。

ASD（自閉スペクトラム症）

「コミュニケーションが苦手」「こだわりが強い」「感覚が過敏」など自閉症の特性を持つ状態の総称です。以前は「自閉症」「アスペルガー症候群」など細かく分離されていましたが、現在は自閉症の「連続体（スペクトラム）」とひとくくりにされています。

特徴

- ひとり遊びが好き
- 決まった遊びを飽きることなく続ける
- 特定の光や音、におい、肌触りなどに過敏に反応する

●急に予定外のことが起こるとパニックになる
●喜怒哀楽の感情をあまり表現しない
…など

ADHD（注意欠如／多動性障害）

不注意、多動・衝動性を持っています。集中することが苦手で、落ち着きがなく、よく考えずに衝動的に行動してしまう特性があります。

特徴

●じっと座っていられない
●すぐに気が散る
●よく物をなくす
●順番が待てない
●叱られてもこりない
…など

LD（学習障害）

全般的な知的発達に遅れがないものの、文字が読めない、数の概念が理解できないなど「聞く」「話す」「読む」「書く」「計算・推論する」能力に特定の困難が生じる特性です。

特徴

- 文字が読めない
- 文字が書けない
- 数字の概念がわからない

…など

本書では、主宰の教室で発達障害・グレーゾーンのお子さまのいる保護者、講演会などにお越しいただいた保育関係者の方にアンケートを実施し、子どもと接するうえでの困りごととその対策法を紹介しています。お子さまによってケースはさまざまですので、似たような場面で参考にしてみてください。

CONTENTS

第2章

生活の困った！はなんとかならない？

第3章

おでかけはスムーズにしたいな

第4章

お友達とのトラブル回避には？

第5章

体の動きが気になるぞ

第6章

この伝え方でいいの？

第7章

怒ってばかりでいいのかな

第8章

成長の悩みは尽きません

第9章

効果倍増の「ほめ方」ってある？

第10章

大人だってわからない

第1章

「イヤ～！」に振り回されてへとへとなとき

ブーン
ブーン
そろそろ夕飯だから
お片づけしようか?
イヤー
ガシャーン
ゴン
ゴン
ゴン
コラ! やめなさい!

わ〜ん
もう知らない！
だれ？
癇癪…大変ですよね

イヤな感情が
爆発してしまう
「癇癪」は
どの子にも起きる
ものです
1歳前くらいから始まり
イヤイヤ期ともいわれる
2～4歳にピークに、5歳頃には
収まってくる傾向にあります
癇癪は自我の芽生えによるもので
成長において必要な過程でもあり
感情コントロールを学ぶ場でも
あります
1歳になる前くらい
オムツ…
2歳～4歳のころ
イヤ
イヤ
イヤ
5歳になるころ

ただ…こだわりが強い
という特性を持つ
お子さんにはイヤな
気持ちを抑えるのは
とても難しいんです
イヤなものは
イヤ!!

そんな…ちょっと
したことで
「イヤ!」となって
は手がつけられ
ません!!

大丈夫! お子さんが
どうしてこんなにも
「イヤ!」ばかりなのか
癇癪がヒートアップして
しまうのかご紹介します
お子さんの気持ちが
わかると、きっと
関係は変わりますよ

1

特徴がでやすいタイプ ADHD ASD

すぐに癇癪なんとかならない？

「イヤー！」と泣き叫んでのけぞる、寝転ぶ、頭を打ち付ける…。できたら避けたい子どもの癇癪。ですが裏を返せば、感覚が過敏だったりこだわりが強かったりする〝発達っ子の意思〟。お子さんの特性を知る重要な手掛かりだと思ってください。とはいえ頻度が高いと保護者も大変です。

まずは、癇癪を起こしたお子さんのさらなるパニックを誘発しないように、大きな声で「やめなさい！」など怒鳴ったりせず「見守る」。癇癪の原因を「見つける」。そして癇癪の原因を取り除き、子どもが落ち着くのを待ちます。癇癪が起きたときに無理に抑え込もうとしたり、「痛かったね」「イヤだったね」などと共感し続けると、感情コントロールの原因となったりイヤなことの掘り起こしとなってしまいます。子どもが気持ちを切り替え、自分の行動を抑制する練習をしていると思って見守ってあげてください。

こうしよう！▼親こそ冷静に「見守る」

2

特徴がでやすいタイプ ASD

切り替えがうまくいきません

自閉症傾向の強い発達っ子は、「いつも同じ」や「ルーティン」を好みます。ですから、突然の変化が苦手です。変化や変更が起こると、どう行動してよいかわからなくなり、パニックを起こしてしまうのです。

ですから、切り替えが苦手なお子さんには事前に次にどうなるかを伝えてあげましょう。「遊ぶのはもうおしまい。ごはんにするよ」ではなく、「遊んだ後は夕ごはんだからね」「ごはんの時間になったら声をかけるね」こんなふうに事前に予定の見通しを立ててあげると、納得して次に進みやすくなります。

教室でも頃合いを見計らって次にやることを声かけするのではなく、事前に予定を伝えたうえで声かけをしています。

こうしよう! ▼ 事前に予定を伝えたうえで声をかけよう

3

特徴がでやすいタイプ ADHD ASD

やってほしいことがあるときは…

ADHDの子は今やりたいことを無意識に優先してしまうことがあります。また、ASDの子はその子なりの世界観で動いていることがあるので、やってほしいこととは別の行動をとってしまうことがあります。

また発達っ子は、「ワーキングメモリー」という脳の記憶機能が弱い特性を持つ場合があります。このため、事前にやることを伝えていても、今やっていること、興味が移ったことに意識を持っていかれてしまい、次にやることが抜けてしまうことがあるのです。

ではどうするか？ それはやってほしいことはできるだけ最後に言うことです。

「手を洗おう！ 汚れてるから」→「汚れてるから、手を洗おう！」こんなふうに言う順番を変えるだけでも記憶の定着率がよくなりますよ。

こうしよう！ ▼ やってほしいことは最後に言おう

4

特徴がでやすいタイプ ASD

お気に入りのものじゃないとイヤ

いつも同じ人形を持っていたり、着る服が決まっていたり、お気に入りのものを持っていきたいと言ってきかなかったり…。

ASDの子のお気に入りは、わがままではありません。変化を好まない強い欲求の表れなのです。ですから、もしお気に入りのものを手放そうとしないなら、不安と闘っている真っ最中だと思ってください。不安が解消されていくと、手にしなくてもいい時間ができてきますから。

体操教室では安全に配慮して、大丈夫な範囲であれば持ってもらうようにしています。また、ぬいぐるみが手放せない子に教室で使用するタオルに持ち替えてもらうなどしています。こうやって代替品に差し替えるなどの対応にして、お気に入りへのこだわりを徐々になくしていくといいでしょう。

こうしよう！ ▼ お気に入りは「お守り」と思って一緒に大切にしよう

5

特徴がでやすいタイプ　ADHD　ASD　LD

同じ道じゃないと怒る

途中で寄りたい場所があったり、急いでいて近道をしたい…そんなときでもいつもと同じ道じゃないとイヤだを発動させるわが子に困ってしまう親御さんは多いようですね。これも発達っ子ならではの「こだわり」のひとつです。

同じ道ならではの安心感もあると思いますが、もしかしたら感覚過敏のために、いつもと違う道がイヤな道だと感じるのかもしれません。発達っ子の中には、視覚や聴覚、嗅覚などを通常の人よりも強く感じやすい特性を抱えているお子さんがいます。たとえば、人や車が騒々しい、商店の照明がチカチカする、苦手なにおいを強く感じる…。多くの人には気にならないことが、発達っ子にはつらいこともあります。

こだわりなのか感覚過敏が背景にあるのか、同じ道でないとどうしてイヤなのか原因を探っておくことでスムーズな移動が実現します。

こうしよう！▼イヤな道の特徴はお子さんの苦手。別の道でも活かそう

6 永遠に終わりがこない

特徴がでやすいタイプ ADHD ASD LD

「もういっかい！」

絵本を読んだ後や公園から帰るとき、お子さんに言われて困ってしまう方はとても多いようです。一向に終わらないし、無理にやめさせようとすると癇癪を起こしてしまう…。

発達っ子にとって、「おしまい」は大人が勝手に決めたこと。納得できず、自分の気持ちを優先させようとしてしまう傾向にあります。

そんなときは「まだやりたいんだね」とやりたい気持ちを受け入れてあげてください。それからお子さんに「終わり」を決めてもらってみてください。「あと1回だよ！」ではなく「あと何回で終わりにする？」のように。もし、なかなか子どもから答えが出てこないようなら「あと1回でどう？」などと提案してみてください。

納得して「うん」と言ってくれたら、約束を守ろうとしますよ。

こうしよう！ ▼ 子どもにおしまいを決めてもらおう

特徴がでやすいタイプ ASD

7 予定が変わるのは許せない

何事も予定通りに…とはなかなかいきませんよね。自閉傾向のある発達っ子にとって、予定の急な変更は一大事です。パニックになったり癇癪を起こしてしまうこともあるでしょう。

これは次に何をしたらいいかわからなくなってしまうからです。予定の変更だけ伝えても子どもは不安になるばかりなのです。

たとえば、家に帰る途中で洗剤が切れているのを思い出したら「ちょっと買い物に寄っていくね」ではなく、「洗剤がなくなっているのを思い出したの。家に帰る前にお店でお買い物していくね。それからおうちに帰るよ。○○くんも一緒に来てほしいな」というふうに変更となる予定、その場合子どもはどうしたらいいのかを伝えてあげてください。

こうしよう！ ▼ 予定を変更するときは子どもに何をしてほしいか伝えよう

8

特徴がでやすいタイプ　ADHD　ASD　LD

子どものイヤが何かわからない

機嫌よくしていたかと思ったら、突然スイッチが入ったかのように「イヤ～!」。「どうしたの?」と優しく聞いたり、「大丈夫だよ」と言ってあげたりしてもイヤイヤが止まらず、途方に暮れてしまうという方も多いかもしれません。いつもと同じ環境ならむりやり何がイヤかを知る必要はありません。「どうしたの?」「イヤだったね」などの優しさは、何度もイヤなことを思い出させ、蒸し返していることになるからです。

一度イヤな気持ちを受け止めた後は別のことに気をそらしてあげましょう。これでは解決にならないのではないかというとそんなことはありません。違うことで切り替えたとしても、泣いたり癇癪では解決しないということが子どもに残ります。理解がある程度できる年頃なら、気持ちを切り替えた後にどんな気持ちだったのかお話ししながら聞いてみると、「イヤ」以外で伝えてくれるようになりますよ。

こうしよう!▼イヤの原因を知るより、気持ちの切り替えの手伝いを!

9 ほかのものに興味を示してくれない

おもちゃや絵本、テレビなど、本当にこれだけでいいのかと不安になるくらい同じものだけで遊んでいる…。親御さんからすれば様々なものに触れて世界を広げ、感性を豊かにしてほしいと思っているかもしれません。

ＡＳＤの特性がある子は「情報の整理が苦手」です。たくさんの情報を与えても処理しきれずパニックになってしまいますから、今興味を持っているものを一緒に楽しんでみてはいかがでしょうか？

たとえば電車にしか興味を持たないお子さんは、「今は電車の情報をあらゆる角度から受け取っている時期なんだ。私も知らないことがたくさんある！　電車って奥が深いんだなぁ」そんなふうに捉えてみたらいいのではないでしょうか。

ＡＳＤの子のこだわりは長く持続する一方で対象が突然変わることもあります。人に迷惑をかけるなどの悪い行動で無ければ見守ってあげましょう。

こうしよう！▼発達っ子の情報収集は〝細く長く〟と捉えよう

10

特徴がでやすいタイプ ADHD ASD LD

癇癪をヒートアップさせたくない

癇癪がヒートアップしやすいお子さんは、癇癪を起こせば起こすほど保護者の方が気にかけてくれるというのをわかっているのかもしれません。発達っ子は考える力が弱いわけでも頭が悪いわけでもないので、わざと大泣きしたり頭を打ち付けたりして大人を試しているんです。こういう行動を「注意引き行動」といいます。

もし大泣きしながらもこちらをチラチラ見ていたりギリギリ痛くないように頭を打ち付けるなどの行動をしていたら注意引き行動なので、どうにかしようと一生懸命になりすぎず、周囲の安全を可能な限り配慮したうえで見守るという引きの対応をしてみてください。癇癪はお子さんにとってもつらいものですから、効果がないことを学ぶことで癇癪のヒートアップは落ち着いていきます。

子どもに余裕がありそうなときは「依頼」すれば欲求が叶うことを教えてあげると、癇癪ではなく依頼の行動が定着するようになります。

こうしよう! ▼ 安全に配慮してあえてほうっておこう

知っておきたい❶

発達障害の基礎知識

「発達障害」というと、何かの病気や発達に遅れがあるイメージを持っている方も多いかもしれません。そのようなイメージがあると、どうにかして治せないかとかほかの子に追いつくにはどうしたらいいいかと焦ってしまうようです。

けれども、発達障害は「脳の特性」です。治すことはできません。といっても、悲観することはありません。障害とついているからイメージが悪いだけで、脳の特性は誰にでもあります。得意不得意が誰にでもあるのと同じで、発達障害の子はその振れ幅が大きいのです。

発達障害には大きく分けて３つの特性があります。

★「注意欠如・多動性障害（ADHD）」…注意力の欠如・落ち着きがないなど
★「自閉スペクトラム症（ASD）」…他者とのコミュニケーションが苦手・同じ行動や活動を繰り返すなど
★「学習障害（LD）」…読字障害・書字障害など

違う名前はついていますが併発することも多く、境界はあいまいです。成長過程では診断がつきにくく、グレーゾーンと呼ばれるお子さんもいます。

また、発達障害のある子は体の使い方が苦手だったり感覚に過敏や鈍麻があったりと、体にも特性を抱えていることがあります。

このようにできることとできないことの差が大きいと、日常生活の中でうまくできないことが出てきます。「わがまま」などとは思わず、どうしたら困っている状況を改善できるか、考えていくことが大切になってくるでしょう。

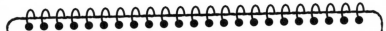

第2章

生活の困った！は
なんとか
ならない？

いただきまーす!
トマト
イヤ!
キリッ
玉ねぎと
ニンジンもとって
ジャガイモ
だけね…
おいしいぞ!
なんでも食べないと
大きくなれないぞ
むしゃ
むしゃ

しばらくして・・・
さらに、しばらくして・・・
お行儀が悪い！
ビクッ
ハァ
本人に悪気はないんですよ
どうもー

発達障害のお子さんは生まれつき筋肉の張りが弱かったり感覚の発達に偏りがあったりします
ボクは生まれつきハリが弱いんだ…

特性がわかれば対策も取れます！
なるほどー

たとえば
ごはんを
小石のように
感じるお子さんも
いるんですよ
イヤな食感にしない
調理の工夫をする
だけでも
お子さんの食事の
進みは違うと
思いますよ
どうしたの？
このごはん
石みたい…

発達障害のお子さんの
好き嫌いは
ワガママとは違います
頭ごなしに叱って
「食事＝つらい」に
ならないように見た目や
食感など
その子なりの傾向を
知るところから
はじめてみましょう
これはスキ♡
これキライ

1

特徴がでやすいタイプ ADHD ASD LD

どうして食べてくれないの？

生活の困った！ には発達っ子の感覚過敏が影響している場合が多いです。特に食事に関しては、偏食に悩んでいる方が多いのが特徴です。好きなものしか食べないと栄養面も心配ですし、あれこれ考えて作った三度の食事を食べてもらえないのもつらいですよね。

これも感覚過敏のひとつで、ごはんを砂をかんでいるように感じたり、温かいものを熱く感じたりと定型発達とは違う感覚があるのです。しかも語彙が少ない発達っ子は「おいしくない」、「まずい」、無言で食べないなどで表現するので余計にわかりにくく、誤解されやすいです。硬い食感や苦味などをイヤがる子にはできるだけ柔らかく煮たり、香味野菜などを避けてみましょう。無理強いはせず、様々な食材を試して、どんなものなら食べられるか子どもの感覚に合わせていきましょう。食事＝楽しいものと思ってもらうことが大切です。

こうしよう！ ▼ 子どもの苦手な食感や味を知ろう！

2

特徴がでやすいタイプ ASD

だらしない姿勢をなんとかしたい

食事中やワーク中、だんだん背中が丸まり、頬杖をついたり、突っ伏してしまったり、あるいは体をゆらし椅子をガタガタと鳴らしはじめたり…。発達っ子は姿勢のキープが苦手です。これも、もともとの特性のひとつですが、行儀が悪い、だらしないと思われてしまうのでできれば改善していきたいですよね。

まずは椅子を見直してみましょう。机に椅子の高さがあっているか。また、ひじ掛けや背もたれが使える椅子にしたり、足が届くように足置きを置いたりローテーブルにしたりすることが大切です。体幹を含めて筋力が低い傾向にありますが、筋力を高めればよいというわけではなく、体の感覚を使用して上手に情報整理しながら操作することが重要です。筋力がついても、操作するための情報が苦手だとペーパードライバーがF1に乗っているような状態です。外遊びやふれあい遊びなど楽しく体を動かすことでバランスよく筋力をつけていきましょう。

こうしよう！ ▼ 椅子を見直してみよう

3

特徴がでやすいタイプ　ADHD　ASD　LD

着替えをイヤがる

着替えが苦手な発達っ子は「触覚過敏」の可能性があります。服がチクチクするから着たくないというだけでなく、他人に触られることを過剰にイヤがるケースもあります。

タグをあらかじめ取っておいたり体に密着するタイプの服は避けたりと、服からの刺激を避けるようにしてあげてください。また、同じ服ばかり着たがるときは、その服の素材が肌に合っている可能性が高いので、服選びの目安にするといいでしょう。

触覚過敏は発達とともにゆるやかになることは多くないので、得意な感覚を把握しておくことが大切です。また、色やデザインに対してのこだわりがあることもあります。子どものお気に入りは複数持っておくと慌ただしい準備の時間がラクになります。

こうしよう！▼お気に入りの服は同じものを数枚用意しておく

特徴がでやすいタイプ ADHD ASD LD

4 「困ったサイン」があるなら知りたい

突然の癇癪！　いったい今度は何が気に入らないの～!?

もしも、子どもの調子が崩れるタイミングがわかるなら知りたい！

そんな親御さんは多いのではないでしょうか。

癇癪を起こすことは発達上の重要なポイントになるので、癇癪を予防するのではなく、困りごとを主張できるようにしてあげるといいですね。

助けてほしいときに出す、「困った」と書かれたカードを渡しておくなど、困ったときのサインの出し方を教えてあげてください。そのサインが出たらすかさず助け、伝えてくれたことをほめてあげると、癇癪を起こす頻度は減っていくと思います。

こうしよう！▼「困ったサイン」の出し方を教えてあげよう

5

特徴がでやすいタイプ ADHD ASD LD

もたもた時間ばかりかかる

子どもの発達のためにも「待つ」ことが大切。子育て系の本にはよく書かれている内容ですが、もしかしたら親御さんにとっては実行することが難しいもののひとつかもしれません。マイペースな様子につい「早く、早く」と言ってしまいがちですが、プレッシャーを感じると脳の処理スピードが遅くなってしまったり、緊張して体が思うように動かなくなったりして、余計に時間をくうことも。

生活するうえでは致し方ないので、どうしようもなく急いでいるときは割り切るのもひとつの手です。今日は時間があるから「待つ日」。今日は「ママのスケジュールで動く日」。こんなふうに決めるだけでも大人にゆとりができるのではないでしょうか。ただし、大人の事情で子どもの行動をコントロールすることは長期的に見ると心の発達にはよくないので、着やすい服や履きやすい靴を選んだり朝の準備の仕方を表にしておくなど子どもがスムーズに進められる工夫もしておきましょう。

こうしよう！ ▼ 忙しい日は「ママスケジュールで動く」と決める

6 またおかずをこぼしてる

特徴がでやすいタイプ ASD

食事のときに食べこぼしや食器などの操作の不器用さを感じる場合は、もしかしたら発達障害のひとつである「発達性協調運動障害」かもしれません。

これは脳機能の「協調」という分野の発達に問題があり、運動や動作にぎこちなさが出てしまう障害です。

食べるときの姿勢も関与してくるので机と椅子のサイズを見直してみましょう。また、食べこぼしの多いお子さんの場合、手の筋肉の使い方や手の動きと視覚情報をうまく連携させられていない可能性があります。このようなお子さんにはブランコやジャングルジム、鉄棒など、手を使ってバランスを取る遊びや粘土遊びなど手と視覚を連携させる遊びをおすすめします。

箸の使い方の練習は単調でお子さんにとってつらいこともあります。遊びで楽しく習得できることは遊びながら身につけましょう！

こうしよう！ ▼ 積極的にブランコや鉄棒で遊ぼう！

7

特徴がでやすいタイプ　ADHD　ASD　LD

なかなか寝ない

乳児の頃、全然寝てくれなくて、発達障害を疑ったという親御さんもいらっしゃるでしょう。発達っ子は睡眠に必要なホルモンの関係や感覚の過敏によって睡眠に問題があることが多いです。脳の発育にもかかわってくるので睡眠障害は改善したいもの（※睡眠について心配な場合は、病院で一度検査を受けて医師の助言を受けることをおすすめします。場合によっては服薬などの方法もあります）。

なかなか寝ないお子さんの場合、早く寝ることに意識を向けるよりも早く起きて朝日を浴びることを優先させましょう。まずは体内リズムを整えることです。と同時に、入眠までのルーティンを定着させるようにするといいでしょう。

夕食→おふろ→あそび→8時になったら歯磨き→絵本→ふとんへ…というように一連の流れを紙に書いて貼っておくなど見える化しておいてあげると、やることが理解できるので入眠までスムーズになります。

こうしよう！ ▼「早起き」が早寝につながる

8 寝起きの不機嫌なんとかしたい

特徴がでやすいタイプ ADHD ASD

ＡＤＨＤ、ＡＳＤの子の中には睡眠障害がみられることがあります。寝起きの悪さはこれが原因かもしれません。子どもの睡眠障害には大きく分けて2つあり、ひとつ目が入眠困難です。原因としては不適切な睡眠環境、夕方の昼寝で寝付けない、寝る前のスマートフォンやゲームの出す光などです。もうひとつが浅い睡眠などにより途中で起きてしまう中途覚醒です。原因として、日中のストレス、怖い体験、感覚過敏などによる音や光への反応があります。

対応としては、睡眠の見直しが大切です。昼寝の長さ、デジタルデバイスに触れる時間の見直し、夜間は暖色の電気を使用する、寝室は静かな暗い部屋で音や光を避ける、朝日を浴びるなどです。

2週間ほど睡眠表を記録すると睡眠リズムの問題がわかりやすくなります。無理に寝かせようとせず、眠気を誘ってからふとんへという行動の支援も大切です。

こうしよう！▼睡眠環境を見直してみよう

9

特徴がでやすいタイプ　ADHD　ASD　LD

おふろギライどうにかならない？

おふろギライ攻略のカギは段階と特性によって違います。お子さんのイヤがる理由に合わせて対応し、達成感を得られるようにしてみてください。

●シャワー、湯船が苦手

感覚過敏かもしれません。お湯の温度をぬるめにしたりシャワーは控えて桶を使うようにしたりしてみましょう。

●おふろ自体に行きたがらない

清潔にすることの大切さを教えてあげましょう。

●気持ちがおふろに向かわない

切り替えが苦手な発達っ子には、おふろが楽しみになるようなおもちゃをおいて、おふろの優先順位を上げてあげましょう。

少しでもできたときはたっぷりほめるのも忘れずに！

こうしよう！▼おふろを達成感を得られる場にしよう

10 したくが遅い

特徴がでやすいタイプ ADHD

ただでさえ時間がなく、何かと慌ただしい朝。なかなかしたくが進まずについつい「早くしなさい！」と言ってしまうのも仕方ないですよね。

ただ、気が散りやすかったり、マイペースだったりする発達っ子には何時までに何をしなければならないということがわかっていないだけかもしれません。

何時になったら何をするのか時間割をつくって時計の横に貼ってしまいましょう。

7時30分トイレ　7時35分はみがき　7時40分きがえ　7時50分くつをはく

このように時計のイラストとセットでしたくを見える化することで、何をしたらいいかがわかるようになります。

声をかけるときも「あと○分しかないよ」と急かすのではなく、「あと○分あるね」という安心感のある言い方で伝えてあげると、発達っ子はプレッシャーを感じにくく、落ち着いて取り組めますよ。

こうしよう！▼時計の横に時間割を貼ろう

知っておきたい❷

発達っ子の感じている世界

発達っ子が、世界をどんなふうに感じているのか想像したことはありますか？

同じ場所にいても発達っ子と定型発達の人とでは感じ方も違います。

たとえば、定型発達の人なら雑踏の中にいてもふつうに会話ができますが、発達っ子はすべての音を拾ってしまい必要な声を聞き分けるのが困難なことがあります。車の走る音や空調の音など大したことのない音がガラスや黒板をひっかくようなイヤな音、大音量に聞こえてしまう発達っ子もいます。

あるいは視覚過敏のある発達っ子は、街中の電飾や電子広告がまぶしすぎたり、色とりどりの広告に目を奪われたりして「見えすぎてしまう」ことがあります。このように情報が絶えず入ってくると脳が疲弊してしまい、落ち着きのなさや不安、混乱につながってしまうことも…。

感覚過敏で困っている発達っ子がいる一方で、お湯がかかってもやけどするまで気づかない、ケガをしているのに血が出ていることに気づかないなど感覚の鈍さ（感覚鈍麻）を持っている発達っ子もいます。

発達っ子の感じている世界を少しでも知ることで、ぐっと日常のストレスは減らすことができます。

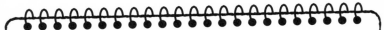

第3章

おでかけはスムーズにしたいな

ワー
ワー
すいません
すいません
ペコ
ペコ
待ちなさい!
ヤダー
静かにしなさい!

ギャー
うるさい…
はっ
泣くな！ 静かに！
すみません…
失礼しました〜
タタタタ

静かにじっとしていることが苦手な発達障害のお子さんは多いですね
僕もクラスでじっと椅子に座っているのが苦手なタイプでした

まだ学校終わってないでしょ!!
ただいまー
私もまだ学校が終わってないのに家に帰って驚かれたことがあったな~悪気はないんだけどね
・・・子どもの頃

そう、じっとできないのも脳の特性のひとつ
脳の特性
のひとつ
といっても公共の場では困ります
発達障害のお子さんならではの「おやくそく」の仕方がありますからぜひ試してみてください
おやくそく

1

特徴がでやすいタイプ ADHD ASD

静かにしてほしい

我慢が苦手で衝動的に動いてしまう傾向にあるＡＤＨＤの子とのおでかけは大変です。わんぱく、元気いっぱいなのはいいのですが、時と場所によっては静かにしてほしい場面も。こんなときは負けじと「静かに！」と大声で注意するのではなく、「これくらいで話してみよう」と声のボリュームを教えてあげてください。

またひとり言が多いＡＳＤの特性を持つ発達っ子には、紙に表などを書いて出していい声のボリュームを視覚的に伝えてあげると理解しやすいです。声や文字となって外に現れない言語を「内言語」といいますが、ＡＳＤの子は内言語が未発達なことが多いです。ふだんから「その言葉を心の中で言ってみよう」と内言語を育てる機会をつくってみてください。

こうしよう！▼声の大きさの見本を見せてあげよう

2

特徴がでやすいタイプ ADHD

店内で走りまわる

スーパーやショッピングモールなどで保護者の手を振り切って走っていってしまう発達っ子。事前にお約束をしていても、興味を引くものがたくさんあって衝動的に駆けていってしまうのです。

そんなときはお約束ではなく、買い物リストを見せながら本日の「ミッション」を伝えてみてください。一緒に商品を探す、売り場で選んでもらう、レジで商品を出す、買い物袋に移す…。できそうなこと、意外とたくさんあるでしょ？　失敗はフォローしつつ、できたことはどんどんほめてあげてください。

衝動性の強いＡＤＨＤの特性を持つ発達っ子はふだん叱られることが多いです。頼ってもらえたり、ほめられたりする機会が増えれば、自信にもなるし、やってみようという挑戦心も育むことができます。

こうしよう！▼買い物は「ミッション」を与えて走る隙を与えない

3

特徴がでやすいタイプ ADHD ASD LD

スムーズに玄関へ行ってくれない

おでかけが苦手な発達っ子の場合、おでかけはいつもと違うことが起きるから不安、感覚過敏が刺激されるから不快、家にいるときよりも多く怒られるなど、「おでかけ＝イヤなもの」という認識になっているのかもしれません。

本人の不安感を払拭するためにも、「おでかけすると楽しいことが起こる」という経験を増やしていきましょう。初めてのことでワクワクするというよりも、本人が楽しめる場所へ行く回数を増やし、おでかけのハードルを低く設定しておくことが重要です。

実際におでかけが楽しくて、「おでかけ＝楽しいこと」という認識に変わると、「○○したい」とリクエストが出てくるかもしれません。新しいことへ挑戦する力も育っていきますよ。

こうしよう！ ▼ おでかけは「楽しいこと」に変えよう！

4 突然のダッシュ

特徴がでやすいタイプ ADHD

道路や人の多いところでの突然のダッシュ。そのたびに「走らないで！」と叫んでいる方も多いのでは？ ＡＤＨＤの特性を持つ子は自分の要求や行動を抑制する機能がうまく働かず、興味のあるものを見つけると考えるよりも先に体が動いてしまう傾向にあります。努力や意思の力ではどうすることもできないので、危険なことだけはさせないようにしましょう。

まずは事前に「道路を歩くときは手をつなぐよ」「行きたいところがあったら教えて」などと伝えておきましょう。実際に道路に出たら、「道路を歩くときは手をつなぐんだよね」と声をかけ、無事にたどり着けたら「手をつないで歩けたね！」とほめてあげましょう。「走らないで！」ではどうすればいいかわからないので、「道路は歩くんだよね」とその都度伝え、余計なことで叱らない、できたことを具体的にほめる、を繰り返すことで自然にできるようになっていきます。

こうしよう！▼「歩こうね」とその都度伝え続けよう

5 ほしいものを買うまで泣き叫ぶ

特徴がでやすいタイプ ADHD ASD LD

ほしいものが目に入ってしまい「買う!!」と言ってきかず、しまいには癇癪を起こしてしまう…。ほかにもお客さんがいるし、なんとか落ち着いてほしいところです。

対策としては、大人は「今日は必要なものだけを買う」など宣言をしておきます。子どもが買い物のときに癇癪を起こしたら、いったん気持ちを受け止めてあげてください。人けのないところに連れていくなどして、安全な場所で落ち着くまで待ちます。子どもはその間、考え葛藤し欲求を整理している状況です。

待つのは大変ですが、感情を自分で整理することが身についていきます。ただ、適切にお願いできたときには不定期に叶えてあげてください。この経験は、癇癪よりもお願いのほうがほしいものが手に入りやすく、買ってもらえるかもしれないし、そうじゃないかもしれないときがあるという感覚を身につけやすくします。これは、自分で妥協できる回数を増やすことにつながっていきます。

こうしよう！ ▼ うまくお願いできたときはたまに買ってあげる

6 商品などを勝手に触る

特徴がでやすいタイプ ADHD

気になったら考えるよりも先に手が出てしまうADHDの特性を持つ発達っ子には、商品を触った瞬間に「ダメ!」と叱ることが多いのではないでしょうか。もちろんしてはいけないことを教えてあげるのはいいことですが、せっかくならお店の人に質問する習慣も身につくといいですね。ただし、聞くこと自体が目的になってしまうようであれば、「これは触ってもいいのかな? ダメなのかな?」と自問させ、「触ってもいいかお店の人に聞いてみよう」と伝えてあげてください。

発達っ子の特性として、共感したり、コミュニケーションを取るのが苦手なことが多いです。ぜひ、お店での困ったを発達っ子の成長に変えてあげてください。ひと言声をかけて相手の都合を確認することが習慣化されれば、「ここ空いてますか?」「これ使ってもいいですか?」などあらゆるシーンで役立ちます。

こうしよう! ▼ 「触ってもいいか聞いてみよう」と提案しよう

7

「待つ」のが苦手

発達っ子には「待つ」ことが苦手な子が多いです。ＡＤＨＤの子は衝動性が高く、興味のあることに向かっていってしまいますし、ＡＳＤの子は、時間の概念がわからなかったり、先の見通しが立たなかったりすると不安を感じるからです。

そんな発達っ子には待つことに対しての見える化が大切になってきます。そこでタイマーを使って「ピピピっと鳴るまで待とう」とか、砂時計を使って「砂が落ちるまで待とう」というように、どれくらい待てばいいのか具体的にわかるようにしてあげましょう。

こうしよう！▼ **タイマーや砂時計で時間の経過がわかるようにしよう**

8 よく転ぶ

特徴がでやすいタイプ ADHD ASD LD

よく転ぶ子は基礎感覚に問題があるのかもしれません。基礎感覚とは「触覚」「前庭覚」「固有覚」という、生まれながらに持っている感覚です。体を適切に動かすための平衡感覚や命を守るための触覚などが当てはまります。

基礎感覚と認知機能が統合しはじめることで、体の位置や空間の把握などが進んでいき、転びにくくなったり距離を把握しやすくなったりします。

基礎感覚を育て、認知機能と統合させやすくするために、お子さんとたくさん鬼ごっこをすることをおすすめします。鬼ごっこでの動きは基礎感覚を育てるうえ、鬼と自分の位置関係の把握は認知機能との統合に効果的だからです。

こうしよう！ ▼ 鬼ごっこの頻度を増やしてみよう

9

特徴がでやすいタイプ　ADHD　ASD　LD

人や物にあたる

癇癪が起きたときに時間をかけてでも収まればいいのですが、他人に手を出してしまったり近くにあるものを投げたり壊したりしてしまうなんてこともあります。なんとかしたいですよね。

他の子に手を出してしまう場合、子どもの手をつかんだりすると余計に興奮してしまうので、大人が子どもと子どもの間に入ります。手をあげた子のほうへ近づいていくと子どもは後ずさりするので、相手の子から離し、落ち着ける場所へ誘導してあげましょう。また、物にあたってしまう子には新聞紙など壊してもいいものを渡し、気が済むまで投げたり壊したりしてもらいましょう。

癇癪の対応も大切ですが被害を最小限に抑えることも重要です。

こうしよう！▼「代わりのもの」で被害を抑えよう

10

特徴がでやすいタイプ ASD

呼んでも気づかない

ＡＳＤの特性を持つ発達っ子は他人の言動に興味を示さない傾向にあるので、呼んでも反応しないということがあります。

まずは視界に入ることが大切です。そのうえで、目が合わなくても目を見て声をかけます。

呼んだことに反応してくれたら、そのこと自体をほめてから、伝えたいことを話してあげましょう。このときに電車の絵を見せながら「これから電車に乗るよ」とか、ごはんのカードを見せながら「これからごはんです」のように絵と言葉で伝えると理解してもらいやすくなります。

こうしよう！▼ 声をかけるときは「耳」ではなく「目」を意識しよう

知っておきたい❸

注意すべき年代がある

「うちの子、もしかしたら発達障害かも？」

保護者がこうした疑念を抱くのは、自治体で健診のある2〜3歳の時期が多いようです。しかし、成長の個人差が大きい幼児期は診断のつきにくい時期でもあり、発達障害ではなく成長が遅いだけなんだと言い聞かせて、日常生活に苦労されている方も多いようです。ADHDの診断は5〜6歳になってからできるようになります。それまでつらい状況で過ごすのは親子ともに大変です。

もしかしたらと思ったら、診断の有無にかかわらず専門機関に相談してみてください。たとえ発達障害ではなかったとしてもそこでのアドバイスは子育てに役立つことばかりですから。

ただし、5歳くらいで集団行動に困っている様子が見られるなら、この先の教育環境も踏まえて専門機関や幼稚園・保育園の先生などに相談することをおすすめします。

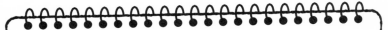

第4章

お友達との
トラブル回避
には？

ペタ
ペタ
みんなお友達と
楽しそうだなぁ
こっちは今日もひとりで
砂場か…
ハァ…

何してるの？
一緒に遊ぼ？
・・・
いいよ！この道具よかったら使って！
うぎあああぁぁ～
・・・

いくら
お母さんが
お友達と遊んで
ほしくても、
お子さんには
その子なりの
ルールがあるの
を忘れては
なりません
わたしの
ルール
マイルール

特に
発達っ子は
マイルールを
とても大切にして
いることがある
ので納得して
もらってから
物事を
進めましょう
マイルール
たいせつ〜

ひとり遊びが
好きなお子さん
には、その子なり
の世界があるので
道具の使い方や
お友達との遊び方も
一つひとつ
確認しながら進めて
いくことが大切！
これ使っていい？
一緒に遊ぶ？

もくもくと
遊んでいるなら
時にはそっと
しておいて
もらえるように
お友達に
伝えるのも
親御さんの
役目ですよ
ごめんね
そっとしておいてくれる？
はーい

特徴がでやすいタイプ ADHD ASD LD

1

つい手が出てしまう

お友達と遊んでいるときに手が出やすい子は、「言葉で伝えるのが苦手」ということが多いです。

もしかしたら、お子さんに苦手なことが多いからと「靴はこうね」とはかせてあげたり、「こぼしてるよ」と食べさせてあげたりと先回りしてお世話していませんか？

そうだとしたら、子どもにとって言葉で伝えるメリットを感じていないのかもしれませんね。親御さんは大変ですが、先回りせず、少しでも要求を表現したときはできる範囲内で叶えてあげるようにしましょう。たまに、要求以上のことをしてあげるのがポイントです。たとえば「だっこ」と言われて「高い高い」までしてあげるというように。言葉にすれば気持ちが伝わるという経験を重ねることで、手ではなく言葉が出てくるようになりますよ。

こうしよう！ ▼ 要求を伝えてくれたら全力で叶えてあげよう

2 物を取ってしまう

特徴がでやすいタイプ ADHD ASD

発達っ子はマイペースなお子さんが多く、相手のことを考えられずにおもちゃを取ってしまったり、衝動的に取ってしまうことも。どちらも悪気があってしているわけではないのですが、ほかのお友達からすれば「おもちゃを取られた」とトラブルになりかねません。

「貸して」「いいよ」を正しく理解し、できるようになるのは5歳くらいからといわれています。ADHDの子は行動の遂行にかかわる脳の発達に時間がかかります。精神面の発達は実年齢の3分の2くらいと思い、6歳くらいであっても4歳くらいの子に教えるように「貸して」を教え、言えたらほめて要望を叶えてあげましょう。慣れたら言えたことはほめながら「借りられるときもあるしそうでないときもある」ことを教えます。借りられないときに他の遊びを考えたり自分の持っているものと交換する交渉を学んだりと対処法を少しずつ身につけていきましょう。

こうしよう！ ▼ 3分の2の年齢だと思ってルールを教えてあげよう

3 順番を守れない

並んでいる子を押しのけてブランコに飛びつくなど、順番を守るのが苦手な発達っ子はそもそも順番は守るものだということがわかっていないかもしれません。事前にミニカーやぬいぐるみなどを使って「順番」の見本を見せて、たくさん人がいるときのルールを教えてあげましょう。お子さんにやらせてみてもいいですね。

実際に公園などでお友達を押しのけるなど順番を忘れているようなら、自分は何番目で誰の次にできるのか教えます。そのうえで、待つのか別の遊びをするのか選んでもらってください。

ADHDの発達っ子は別のことに注意が向くと順番を待っていることを忘れてしまうことがあります。その都度、「順番だよね」とルールを思い出させてあげてください。

こうしよう！ ▼ 事前に「順番遊び」をしておこう

4

特徴がでやすいタイプ ASD

空気を読まない

ＡＳＤの子は空気を読むことが苦手です。そもそもＡＳＤの子は喜怒哀楽の表現をあまりしないうえ、他の人の喜怒哀楽を読み取ることも、周囲のペースに合わせて動くことも苦手だからです。そのため、相手が迷惑そうにしていてもおかまいなしに話しかけたり、まわりが片づけをはじめていても遊び続けたりしてしまいます。

こんなときは「お片づけしようね」ではなく「〇〇ちゃんはお片づけしていてすごいね」などまわりの子をほめてあげましょう。ほめられている様子を見てまねして片づけをするようになります。片づけをしたらしっかりほめてあげてくださいね。

ＡＳＤの子は集団生活を苦しく感じることがあります。まわりに合わせようと意識付けするのではなく、集団生活の中でしたほうがいい行動を身につけることが必要になってきます。

こうしよう！▼してほしいことをしている子をほめてみよう

5

特徴がでやすいタイプ ASD

友達の輪に入っていかない

いつもひとり遊びをしていているわが子を見ていて、つい「みんなで仲良く遊ぼうね」とお友達の輪に入るよう仕向けてしまうことはありませんか？

そもそも、その子はみんなと遊ぶことがいいことだと思っていないかもしれません。何を大切に思っているかは発達障害のあるなしにかかわらず人それぞれ。ひとり遊びの中で学んでいけることもたくさんあります。お子さんのペース、好みに合わせた遊び方を尊重してあげてくださいね。

ただし、ひとりでいることと孤立することは別です。特にＡＳＤの特性を持っている発達っ子は「共感性」が低いと言われています。このため目が合わなかったり笑顔を向けなかったりして誤解されやすいのです。ひとり遊びであっても見守って共感してあげたり、同じ遊びを楽しむお友達がいる環境に連れていってあげたりすると、少しずつ共感性が育っていきますよ。

こうしよう！▼ **ひとり遊びが好きな子に友達と遊ぶことを強制しない**

6 「勝ち」にこだわってしまう

特徴がでやすいタイプ ADHD ASD LD

ゲームでも徒競走でも、勝てないとわかると大声で泣き出してしまったり、パニックになってしまう発達っ子がいます。こだわりが強いという特性が「勝つこと」に出てしまっているんですね。

人生で勝ち続けることはできませんから、勝ち負けの概念を崩してあげましょう。負けても「もう1回」と言えれば「負けを受け入れてすごい」とほめますし、取り乱してしまったら「大丈夫、もう1回しよう」と負けても大丈夫なこと、次に挑戦すればいいことを教えてあげましょう。

時には負けたほうが得をするような遊びもしてみましょう。こうした勝ち負けの遊びを通じて真ん中の感覚が育っていくとより生きやすくなります。

こうしよう！ ▼「負け＝ダメ」とならない経験を増やそう

特徴がでやすいタイプ ASD

7 ルールをやぶってしまう

ドッジボールやサッカーなどの団体競技や幼稚園や児童館など大勢の子どもの遊び場には、細かいルールや暗黙の了解があり、臨機応変に対応していかなければなりません。

まずは事前に絵カードなども使いながらルールと破ってしまったときのことを伝えてください。ルールを守れない、やぶってしまう子には、ルールを守らなかったときの不利益を学ぶことが効果的だからです。

子どもにルールに合わせたときと、そうでないときの利益、不利益を予想しやすくしてあげてください。そこから自分にとってどうするといいのか判断するようになると、おのずと不利益になりそうなこと＝ルールをやぶることは減っていきます。

こうしよう！ ▼ルールをやぶったときのことまで伝えよう

8 イライラがたまっているよう…

特徴がでやすいタイプ ADHD ASD LD

顔が険しくなってきて、なんだか爆発寸前のような発達っ子。

こんなときは、「思ったようにできなくてイライラしちゃうかな?」「遊びたかったおもちゃがなくて悲しい気持ちかな?」とイライラしてストレスがたまっていることに気づいてもらいましょう。

感情を爆発させるのではなく、事前にイライラしている状況を伝えられるようなスキルを身につけていくことが大事です。「イライラしたら、深呼吸してみよう」など、対処法まで伝えてあげると感情のコントロールの練習になります。

こうしよう! ▼ イライラに気づいてもらおう

9

特徴がでやすいタイプ　ADHD　ASD　LD

遊びをやめられない

遊びに夢中になると「おしまい」の声も届かない、無理にやめさせようとすると泣き叫ぶ…。切り替えが苦手という面もありますが、「おしまい」に納得できていない状況なのです。

遊び始める前に、いつになったら終わるのか事前に決めてもらいましょう。うまく決められない場合は一緒に決めてもいいでしょう。おしまいを事前に伝えるだけでなく、自分自身で決めた、または納得したということを認識することが重要です。

これに慣れてくると、たとえば決めていた時間より前に突然終わらなければいけない状況になっても「ごめんね。次は穴埋めするから今回は理解してね」という融通がきくように成長していきます。

こうしよう！ ▼ 遊ぶ前におしまいを決める習慣をつけよう

10 片づけができない

特徴がでやすいタイプ　ADHD　ASD　LD

「お片づけして〜」

よく言いがちな言葉かもしれませんが、じつは「片づけ」というのはあいまいで何をしたらいいのかわからない言葉のひとつです。また「もう帰るから片づけるよ」のような複数の情報があると混乱しがちです。

してほしいことは「具体的」に「ひとつずつ」言うことです。

「クレヨンを箱に戻そう」「画用紙を閉じよう」「クレヨンとお絵描き帳をしまおう」というように、指示の出し方を変えてみましょう。しまう場所がわからなくなってまごついてしまう子には、「クレヨン」「自動車」「つみき」など、そのおもちゃの絵を箱などに貼っておくといいでしょう。「ここだよ」と耳で聞くだけよりも、目で見て理解するほうが得意な子もいるからです。

こうしよう！▼「お片づけして」は封印！　具体的にひとつずつ言おう

知っておきたい④

気になるまわりの目

幼稚園や保育園で、親戚の集まりで…。発達っ子の行動が目立っているような気がして、まわりからどう思われているか？ 発達っ子のわが子を受け入れてもらえないのではないか？ あれこれ言われているのではないか？ …不安な気持ちで過ごされている保護者の方も多いと思います。

けれども実際のトラブルはお子さん同士のやり取りの中で生じることがほとんど。隠し続けていると、「あの子は乱暴な子だから遊んじゃダメ」「勝手に物を取っちゃうから近づくのはやめよう」と、お友達が離れていってしまうケースが多いようです。むしろ、オープンにして特性のことやどう対応すればいいかがわかったほうが、まわりの保護者の方の理解も得やすいです。

お子さんが幼稚園の入園前でしたら、園がどれだけ発達障害に対して理解があり、対応しているのか調べておくことが大切です。園の方針は集まる保護者の方の考えに通じます。

また小学校の支援級か普通級かで迷われているのでしたら、地域の児童発達支援センターなど専門機関との相談や就学時健診などを通して、制度の情報や子どもの状態、意思、通う学校の情報など様々な視点で考慮して、メリット・デメリットの整理をしてから最終的に判断していくことが大切です。判断が難しいときは、専門機関などに相談して考えを整理していくといいでしょう。また、何かあった際の選択肢として、別の手だてなども準備しておくとよいと思います。毎日通う学校が、発達っ子にとって楽しい場所であってほしいですからね。

第三者が生涯その子に寄り添えるわけではないので、保護者も方法や知見を増やしておくことが大切です。

第5章

体の動きが気になるぞ

おゆうぎかい
パパー
ママー

おゆうぎかい
うちの子だけ動きが違う…

ありがとうございましたー
パチ
パチ
パチ
パチ
パチ
パチ
パチ
パチ
パパ、ママ どうだった～?
お遊戯の練習はしっかりしたの?
しっかり背筋を伸ばして立ちなさい!

お子さん頑張ってましたよ！

みんなと同じ舞台に立ってるだけで立派！
おゆうぎかい
がんばろうね！
うん

たしかに模倣やまっすぐ立つことは苦手かもしれません
でも
安心してください体を動かす遊びで改善できますから

体を動かすことは脳の活性化にもつながるからね
脳の活性化

姿勢がよくなるだけでなく集中力がアップしたり、感情のコントロールや意欲アップなど
体幹
さまざまな効果が期待できるんです
先生…
すごい…

特徴がでやすいタイプ ADHD ASD LD

1 猫背でまっすぐ立っていられない

姿勢の悪さは見栄えだけでなく、だらしなく見えたりやる気がないように見えてしまい、周囲の印象も悪くなります。お子さんの姿勢の悪さに気づくと、親御さんも不安になってしまいますよね。

まずはできる環境から変えてみましょう。たとえば低緊張の子には姿勢が保てる椅子を用意する、落ち着きのない子には足につぶつぶとした感覚を感じられるシートを用意して足を自然とつけるようにするといったものを活用してみてください。

そして、たくさん体をつかった遊びをして、楽しくバランスのいい筋力を身につけていきましょう。

ただし、発達の状態や体幹の強さだけでなく、知的障害などが要因のものもありますから、一度病院で確認しておくことが大切です。

こうしよう！ ▼ **姿勢が保てる環境をつくろう**

2

特徴がでやすいタイプ ADHD ASD LD

歩き方がぎこちない

感覚過敏を持つ発達っ子は、足裏全体で歩くことがイヤでかかとを床につけず、つま先だけで歩こうとして、正しい歩き方が身についていないことがあります。また、感覚鈍麻で刺激を求めてつま先立ちをしているケースもあります。

平均台やつなげたクッションを渡ったり、トランポリンや縄跳びなどの遊びを通じて足裏の感覚を育てていきましょう。足の使い方が変わればスムーズに歩くために必要なところにも筋肉がついてきます。

こうしよう! ▼ 足裏の感覚を育てよう

3 ジャンプができない

特徴がでやすいタイプ ADHD ASD LD

ジャンプができない発達っ子は、リズム感や筋力の使い方を学ぶ必要があります。遊びの中でやってみてほしいのは「ケンケンパ」。最初は手を持ってジャンプさせてあげるといいでしょう。声をかけながらジャンプ体験をすることでリズム感と筋力の使い方が学べます。

ジャンプをするとき、足の力だけで飛ぼうとしているケースもよくあり、当然上手く飛べません。おすすめは、台からの飛び降りです。足から着地するので、衝撃を足をはじめ全身で感じることができ、力の入れ方を理解するのに効果的なのです。

こうしよう！ ▼ 台からの飛び降り遊びをしよう

特徴がでやすいタイプ ADHD ASD LD

4 階段の上り下りが苦手

階段が苦手な子は、階段への不安などの心因性の要因も絡む可能性があります。最初は手をつないで上り、徐々に手をつなぐ補助を緩めていきましょう。

また、体の不器用さであれば手すりを使用して、大丈夫な範囲で挑戦していくといいでしょう。ほかにも階段の練習を直接しなくても、片足立ちゲームやジャングルジムなどの重心を保ち両側を交互に動かす運動、ブランコのような体のゆれや位置を把握しやすくなる遊びをするといいでしょう。

改善していかない場合は、他の要因があるので、医療的なケアも考慮していきましょう。上りと下りに苦手や得意の差がないか観察しておくことも大切です。

こうしよう！▼片足立ちゲームをしよう

5

特徴がでやすいタイプ ADHD ASD LD

箸を使うのが苦手

協調運動障害のひとつに手指を使うのが苦手という特徴があります。日常生活の中では、箸などの食具を使うことやボタンをかけるのが苦手な様子が見られることが多いです。手指の不器用さは文字を書くことなどにもつながり、学習面の苦手意識にも影響しやすいです。

箸の使い方を上達させるには指先の感覚を育てていくことが必要です。おすすめなのは食事の準備で一緒に果物や野菜のヘタを取ること。達成感から食欲にもつながりやすくなります。また、洗濯ばさみを画用紙などにはさんでいったりチャックの開け閉めをしたりすることもおすすめです。

日常生活では正確に箸を使えている人は思うほど多くないので、完璧な操作を目指すよりは不利益がない程度に習得していくとよいと思います。食事が訓練の場にならないようにしてくださいね。

こうしよう！ ▼ ヘタ取りは発達っ子のお仕事に！

6 ボール遊びがうまくできない

特徴がでやすいタイプ ADHD ASD LD

タイミングがずれてボールをうまくキャッチできなかったり、目標に向かって投げられない場合、距離感を正確に捉えること（視空間認知）が苦手なのかもしれません。

そのような場合には、ボール遊びもしつつ、風船を使って距離感を捉える練習をしましょう。大人が投げた風船をキャッチしたり、投げたりする練習をします。風船なら動きがゆっくりなので成功しやすくなり、発達っ子の「できた！」を増やすことにもなります。

また、しっぽ取り遊びができているかや前転など転がる動作ができているかなども見てみてください。難易度を下げた動作が考えずにスムーズにできるようになると、目的の動作の習得が早くなり、学習効率が上がります。

こうしよう！ ▼ 風船遊びで成功体験を積もう！

7

特徴がでやすいタイプ ADHD ASD LD

はさみがうまく使えない

はさみが苦手な子には、ついついはさみを使っている手にばかり目がいきがちですが、もう一方の手の使い方はどうでしょう？

しっかり紙を持てているか、持ち替えながら切ることができているか、注意して見てみてください。おそらく不器用にしているお子さんが多いと思います。

おすすめは洗濯ばさみを厚紙の端から端に付け替えるゲーム。指先の感覚を促しながら、もう一方の手の使い方のトレーニングにもなります。

また、視覚情報処理の課題もあります。手元に集中する「狭い視野」と全体を見る「広い視野」を意識できるよう、はさみで切るところを指でなぞることと「全部見てみよう」と全体を把握することをはさみを使う前にやってみてください。

開く動作を補助してくれるばね付きのはさみや滑り止め付きの定規など、不器用さをサポートしてくれる学用品もあります。積極的に使っていきましょう。

こうしよう！ ▼ 洗濯ばさみの付け替え遊びをしよう！

8 筆圧が弱い

特徴がでやすいタイプ ADHD ASD LD

文字も絵もなんだか頼りない…。そんな印象がある発達っ子の場合、筆圧が弱く、手指の微細運動が苦手なのかもしれません。

筆圧が弱い場合は、前提として座る姿勢が作れているか、手の側面で基底面を作れているかなどをチェックしてください。そして、書くこと自体がイヤになってしまわないように、思い通りに書けるという体験をしましょう。おすすめはざらついた下敷き（専用のものが売っています）や紙やすりを紙の下に敷くこと。ひっかかりができて筆圧が弱くてもしっかり書くことができるのです。書くことが楽しくなり、回数を重ねれば、それだけで手指や腕の力をつけるためのトレーニングにもなります。

書きやすさは作業の集中のしやすさにもつながるので、意識が飛びがちなADHDの特性を持つ発達っ子にもおすすめです。

こうしよう！▼ **ざらっとしたものを紙の下に敷こう**

9

特徴がでやすいタイプ　ADHD　ASD　LD

よけるのがへた

物にぶつかって転んだり、まわりの人をよけきれずにぶつかってしまう発達っ子。認知できる空間が狭く、自分の体を動かすイメージと空間がリンクしていないのかもしれませんね。たとえるなら歩きスマホをしている状態です。よけられると思ったけど人や物にぶつかってしまう…。

空間認知力と運動イメージ力を高めるには、トンネルくぐりがおすすめ！　大人の体を使って、またの下、両手両足をついた間、腕立て伏せの体勢の下など広いスペースから徐々に狭いスペースへ。うまくくぐり抜けられるか楽しみながら能力を高めていきましょう！

こうしよう！▼大人の体を使ってトンネルくぐりをしよう

10 同じ動きができない

特徴がでやすいタイプ ADHD ASD LD

踊りや体操などの動きがぎこちない子は、ボディイメージが未熟な可能性があります。ボディイメージとは脳の中にある自分の体に対するイメージのことです。自分の体のこと、運動能力のことを正しく認識できていないので動きがチグハグになったり、自分が思っている動きと違う動きをしてしまうわけですね。日常生活でも様々な動作の土台となっています。

ボディイメージを育てるには、ふれあい遊びや泥遊び、水遊びなどで体を直接刺激してあげるといいでしょう。また、毎日のお着替えや身だしなみを整えるときは鏡を見ながらやってみましょう。イメージと動作を連動させる練習になります。

こうしよう！▼鏡を見ながらお着替えをしよう

できた！が増える
体操 1

体操の効果により、全身の運動機能向上の他、筋力・体幹・姿勢保持力・集中力の向上、バランス能力アップ、力加減をはじめとする身体コントロール能力の向上を目指すことができます。

が、一番の効果は「できた！」を体験することによって得られる「自信」です。

「自信」が付くことで、「得意」が生まれます。

その「得意」が素晴らしい「個性」となり、いつか人生を支える礎になる。そう信じています。

スカーフキャッチ

期待できる効果

ビジョントレーニング、距離の見積もり力アップ

やり方

大人が離れた場所でスカーフを投げ、子どもに落とさないように走ってキャッチしてもらいます。

布団やベッドの上など転んでも安全で足元がふわふわしているところでやると、難易度を上げられます。

ふわふわ障害物

期待できる効果

基礎感覚の育成、ボディイメージの強化、力の制御

やり方

布団やベッドの上など転んでも安全で足元がふわふわしているところに枕などの障害物を置きます。それを避けながら走ったりジャンプで進んでもらいます。

第6章

この伝え方でいいの？

レストラン
ブッブッ…
ギャー
ぐわー
ギャー
ぐわー
静かに!
うわぁ〜ん
もう! やめて! ダメ!
ササッ

もう
しないよ？
うん…
ブツブツ…
ぐわー
さっきもダメって
言ったでしょ！
ぼくのー！
ハア…
なんで伝わらない
んだろう…

発達っ子に限らずですがお母さんの怒ったキンキン声って子どもの耳に届きにくいんですね
とどかない…

こういうときは大きな声で怒鳴ったり
取り上げたりするのではなく伝え方が重要です

たとえば
シーと言いながら
人差し指を
口に当てて
音を小さくしながら
指を下げていって
みましょう
シーー
シーー
言葉だけでなく
視覚的にも
イメージ
できるような
伝え方をして
みましょう
シーー

特徴がでやすいタイプ　ADHD　ASD　LD

1

ちゃんと話を聞いてほしい

話の途中で集中が途切れてしまう…。これは子どもからの「脳のリミットはいっぱいです」というサインです。なんとか集中させようとする前に、伝え方を工夫しましょう。

大切なことを伝えるときには、最初に注意をひきつけることが大切です。騒いでいる子に「聞いて！」と怒鳴ったりせず、電車が好きな子には「山手線がママを乗せてきました」などと言って注意をひいたり、「山手線は洗車します。○○くんも洗車しましょうか～」など本人の興味のあるものを使ったり、本人の世界観に入って会話が成立したときなどに本題を伝えたりすると注意を向けやすく、本人も不快な刺激ではないので話を聞きやすくなります。

発達っ子の成長に必要なのは、むりやり注意を向けさせるのではなく、自ら聞く姿勢をつくることができるようになることですからね。

こうしよう！▼お気に入りの力を借りよう

2

特徴がでやすいタイプ　ADHD　ASD　LD

約束の仕方、どうする？

ルールを決めるときや約束をする上で重要なことは「約束を提示した側が必ず守れるものにする」「子どもが確実に守れそうな難易度のもの」を設定することです。たとえば、「買い物中は手をつなぎます」と伝えたのであれば、会計中急に走り出そうとしても必ず握っておかなければなりません。それが不成立になった瞬間、大人も約束を守っていないことになり、約束したのに約束が破れた経験が重なると、約束の価値が下がり約束を守りづらく破りやすくなります。

子どもの障害特性や心理的な発達、身体面などで約束の難易度は変わります。できそうなことで守れた経験や、そこでほめられたことなどを学習しないと、約束の概念は定着していきません。

うまくできたら「約束守れたね」「約束守ってくれてありがとう」とほめてください。まずは約束の成功体験をたくさん積むことが大切です。

こうしよう！▼「守れる約束」で成功体験を積もう

3 わかったかどうか確認したい

ＡＳＤの発達っ子は感情表現が苦手です。悲しい場面でにやついてしまったり、楽しいはずなのに不機嫌な表情をしていたりして、感情と表情がかみ合わないときがあります。本当に理解しているのか、伝わっているのかどうかわからなくて困っているという方もいるでしょう。

具体的にやってほしいことだけを伝え、その都度確認します。最後に簡単な質問をしてみましょう。

×親「雨が降ってきたから公園に行くのはやめとこう」子「…（にこにこ）」親「わかった？」子「…」親「折り紙しよう！」子「えーん！」

○親「雨が降ってきたから公園に行くのはやめよう」子「…」親「代わりに折り紙しよう」子「…」親「これから何する？」子（折り紙を指さす）

こうしよう！▼最後に簡単な質問をしよう

4 いいからやってほしい

特徴がでやすいタイプ ADHD ASD

着替えやおしたくなど、「いいからやって！」と叫び出してしまう日々のルーティンってありますよね。こだわりが強いお子さんなら、なおさら思い通りにはいかないかもしれません。

ASDの発達っ子はこだわりは強いですが、一度ルールを理解すれば律儀に守ろうとしてくれます。してほしいことが伝わっていないだけかもしれないので、絵カードを使ったスケジュール表を貼っておくなどして、すべきことを視覚的にわかるようにしておきましょう。

ADHDの発達っ子は「やりたい！」が先行してしまうタイプ。情報が頭の中で混乱しがちなので、こちらもすべきことは毎日のスケジュールとして視覚的にわかるように表にして貼っておくのがおすすめです。

こうしよう！ ▼ スケジュール表を貼っておこう

5

特徴がでやすいタイプ ADHD ASD LD

「ダメ」ばっかりでいいのかな？

重大事故につながること、社会的に良くないこと、命にかかわることは、叱ってよいことです。そして叱った後には理由を伝えることが大切です。

ただし、普段から叱って止めるのは間違いです。「ダメ！」や「〇〇しないで！」の迫では何をすればいいかわからないからです。たとえやめたとしても「ダメ！」の迫力でやめているだけで、似たような場面で同じことを繰り返してしまいます。

とっさに「ダメ！」と言ってしまうのは仕方ないこと。その後すぐにしてほしいことを伝えて、できたときにほめる、やろうとした瞬間にほめましょう。

しつけは叱らなくてもできます。重要なのは望ましい行動を増やすことで、これが増えると同時に望ましくない行動はできないので、良くない行動の頻度が下がるようになります。

こうしよう！ ▼ 「ダメ」の後には「〇〇しよう」と言おう

6

「～～しなさい」をやめたい

特徴がでやすいタイプ ADHD ASD LD

発達っ子にとって、「～～しなさい」という命令口調は怒られているように感じることがあります。自分を否定されているようにも感じられ、自己肯定感が下がるきっかけになってしまうことも。

これはただ単に語尾を変えるだけで解決できます。さっそく「～～しようね～」に言い換えてみてください。そしてしようとしたときやできたときにはほめてあげてください。望ましい行動が増えるようになれば、ほめる回数も増えることになり、自然に「～～しなさい」という回数は減ります。

体験から学ぶのが苦手なのも発達っ子の特徴なので、繰り返し教えること、そしてほめて達成感を覚えさせることが大切です。生活スキルを身につけさせるには、子どもを委縮させずに繰り返し行っていく大人の支援が欠かせません。

こうしよう！ ▼「～～しようね～」と言おう

7

特徴がでやすいタイプ　ADHD　ASD　LD

癇癪につながらない「ちょっと待って」ってない？

子どもからの「○○やって」に対して、手が足りないときに言いがちなのが「ちょっと待って」や「もう少ししたらね」という返し方。けれど子どもは待ちきれないからか思い通りにいかないからか癇癪を起こしてしまう…。

いえ、必ずしもそれだけではありません。発達っ子は抽象的な概念が苦手です。「ちょっと」も「もう少し」もわからず不安になってしまい癇癪を起こしている可能性もあります。こんなときは「いいよ。5分待ってね」「いいよ。ピピピって（タイマーが）鳴ったらね」など、具体的に伝えてあげましょう。同じように、これ、それ、あれなどの言葉も伝わりにくいので、「これしたら」ではなく「洗い物が終わったら」のように言いましょう。そして必ず大人も約束を守ること、忘れないでくださいね。

こうしよう！▼「5分待ってね」と具体的に伝えよう

特徴がでやすいタイプ ASD

8 早くしてほしい

自分の決めた順番やルールで安心感を得ている発達っ子の場合、急いでいるからといって「あれやって」「これやって」「早く！」「急いで‼」と急きたてるのは絶対にNG。見通しが立たなくなり不安になって癇癪につながることになり、そこから立て直すほうが大変です…。

なかなか動かないな…と思ったら、やることを「①～②～」と端的に書いてあげると工数が整理しやすく実行しやすくなります。また、ひとつできたら○をつけたりシールで、できた部分に貼ったりするなども効果的です。

とはいえ、悠長なことは言っていられないときもあります。「今日は保護者のペースで進める日」「8時過ぎたら保護者ペースにする」と決めてしまうのも時にはありですよ。

こうしよう！ ▼ やることを順番付けしてあげよう

9

特徴がでやすいタイプ　ADHD　ASD　LD

集中できないときは？

発達っ子にとって集中するには「環境」が非常に大切です。目から入ってくる刺激に敏感なので、扉付きの棚に片づける、中が見えないように布で覆うなどスッキリ片づけておきましょう。

また、家の中の各所を何をする場所なのかが一目でわかるようにしておくと発達っ子がスムーズにものごとを進めることができるようになります。子ども部屋の中も遊ぶ場所にはついたてを立てたり、着替える場所にはマットを敷いたりと用途に応じて仕切りましょう。マンションではリビングとダイニングがつながっていることが多いですが、テレビ画面が目に入ると集中できなくなるので、食卓から見えない位置にテレビを置くようにしましょう。部屋のドアには寝る、おふろ、トイレなどの絵カードを貼っておくと混乱のもとを取り除けます。

こうしよう！▼部屋の中の視覚的刺激を減らそう

10

特徴がでやすいタイプ ADHD ASD LD

不安感が強いみたい

発達っ子は過去のイヤなできごとを思い出し、急に不安に襲われパニックになってしまうことがあります。不安そうにしている子を見るとつい「大丈夫だよ！」と励ましてしまいがちですが、それはむしろ、話を聞いてくれないのかと余計に不安を感じさせてしまうのでNGです。

不安感や不快感を言葉にするのが苦手な発達っ子はストレスをため込みやすいので、顔がくもったり、動きが止まったたかな？　と思ったら「イヤだった？」と聞いてあげてください。「うん」と教えてくれたら、「教えてくれてありがとう」「伝えることができたね」などとほめてください。

イヤなとき、不安なときは伝えてもいいということがわかると、ため込まずに伝えてくれるようになります。

こうしよう！▼「イヤな気持ち」は言っていいことを伝えよう

知っておきたい⑤

伝わる！ 自己肯定感を下げない！

否定→肯定言葉変換表

つい言いがちな否定の言葉を集めました。言い換えてどんどん使ってみてください。

否定	肯定
ダメ	○○しよう
走らない！	歩こうね／お母さんの横を歩こう
やめなさい！	どうしたの？
聞いて	今から話すよ
おしまいだよ	あと何回する？
早く／急いで	（事前に）時計の針が6になったら出るよ／3分待つね
いい加減にして	どうしたらいいんだっけ？
危ない！	止まって！
ちょっと待って	○分待っててね
イヤじゃない！	イヤだったんだね
もう少しできるよね	こんなにできるようになったね
遊ばない！	今は○○（食事など）の時間だよ
帰るよ	ごはん食べにおうちに行こう
静かに！	ボリューム1で話そう
片づけて	どっちから片づける？
寝なさい	9時だね、おやすみなさい
嘘つかないで	確認するね
もうやめて	○○しよう

第7章

怒ってばかりでいいのかな

ごちゃ〜
はやく片づけなさい！
ごはんも食べちゃって！
フリーズ
かちん
…

フリーズ中
もう！ 止まってないでどんどん動いて！
何回言ったらわかるの？ 早く！
わぁ〜ん
はっ
ずーん
また怒りすぎちゃった…

指示しても
なかなか
進まないと
イラっとして
矢継ぎ早に言って
しまうこと
ありますよね
こんなとき
子どもの頭には
お母さんの言葉が
どんどん
「入力」されて
何をしていいか
わからない
状態に…
ペラ
ペラ
早くしなさい
コレしなさい
アレしなさい
とくに納得
してから
進みたい
お子さんは何に
集中したらいいか
わからなくてフリーズし
ちゃうんだよね
なにをすればいいの…

ポイントは指示を出すときは必ず「ひとつ」ということ
ひとつ
してほしいことを小さく区切ってひとつできたら次…
ハイ次…
ひとつできたら次…と伝えていきましょう
お片付け
ごはん
歯みがき
トイレ
それだけで叱る回数も減るんじゃないかな
怒るのも子どものためを思ってのこと
感情に流されない叱り方のコツも知っておくとお子さんの反応も変わってくると思いますよ

1

特徴がでやすいタイプ ADHD ASD LD

ついきつく叱ってしまう

ここだけの話、どんなに長時間きつく叱ってもお子さんには何も届いていません。怒られたと感じると脳はシャットダウンしてしまう特性があるからです。もしも叱っていて、お子さんが泣き出したりパニックになったりするようであれば、それは保護者の方が怖いからです。

叱られるようなことをしてしまうのは未学習もしくは誤学習をしているからです。できるだけ穏やかに正しい情報を伝えてあげましょう。

また、怒られすぎた子どもは脳が委縮する傾向にあるという研究データもあります。怒るにもけっこうなエネルギーが必要ですし、無駄な時間を過ごしているだけなんだと思うと、叱る頻度が減りそうではありませんか？

こうしよう！
▼ **叱る時間は無駄な時間だと思おう**

2 何度言っても直らない

特徴がでやすいタイプ ADHD ASD LD

いつも同じことで叱っている…。もしかしたらそれは発達っ子にとって、「もっとこっちを見て」のサインかもしれません。

大人にとってはやめてほしいことでも、子どもにとってみればパパやママに振り向いてもらえる、かまってもらえるメリットある行動としてインプットされているのです。これでは直してほしいことはますますエスカレートするばかりです。

事前にやってはいけないことと正しい行動を伝えておき、もしやってはいけないことをした場合は「無視する」という方法で伝えましょう。自らやめることができたとき、「自分でやめることができたね」さらには正しい行動ができたとき「○○できたね」とほめましょう。いいことをすればほめてもらえるということが学習されれば、やめてほしいことはしなくなっていきます。

こうしよう！▼やめてほしいことは「無視」で伝える

3

特徴がでやすいタイプ　ADHD　ASD　LD

してほしいことの**伝え方**がわからない

具体的に言っているはずなのに伝わっていないみたい…。

そのような場合には同時に複数のことを言っている可能性があります。「帰ったら手洗いうがいね」と言いながら玄関では「靴を脱いだらそろえて」のように、次々指示を出しても発達っ子には脳の処理が追いつきません。

「帰ったら靴を脱ごう」、脱いでから「脱いだ靴はそろえよう」、そろえ終わってから、「手を洗いに行こう」というふうに、1回にひとつのことだけを伝えるのがポイントです。特に耳から情報を取り込むことが苦手な子には、目を見てゆっくりと短くわかりやすい言葉で伝えてあげてください。

こうしよう！▼ **伝えることは1回につきひとつ！**

4 叱りすぎたときはどうする？

特徴がでやすいタイプ ADHD ASD LD

発達っ子にしてはいけないことを伝えるときは、冷静に穏やかに…と思っていても感情のままに叱ることもありますよね。どうしようもないことです。

叱りすぎちゃったなと思ったら、ぜひともお子さんをどんどんほめてあげてください。叱り言葉とほめ言葉を数でカウントしてみて、ほめ言葉が多ければＯＫです。保護者だって人間ですから、怒ったり不快に感じたりすることはあって当たり前ですからね。

できるだけ叱らずにしつけができるように、子どもに望ましい行動を定着させるようにしていきましょう。

発達っ子であったとしても適切な支援があれば自信を持つことができ、持ち前の才能を伸ばしていくことができます。

こうしよう！▼叱ったこと以上にできたことを1日を通して伝えよう

5

特徴がでやすいタイプ　ADHD　ASD　LD

自分までヒートアップしてしまう

何度注意しても聞いてくれないと、イライラが募ってついぐちぐちと言い続けてしまうことってありますよね。ぐちぐちと言い続けてしまうぐらいなら、最初に大きな声を出してビシッと叱ってしまいましょう。そもそも叱られていると感じたら、脳が声を遮断してしまうので長時間言い続けても何も届きません。特にお互いヒートアップしているときは、それぞれのエネルギーを消耗してしまうだけです。

イライラが落ち着いたら、そのときの状況と自分の伝え方を振り返ってみてください。あいまいな言い方をしていなかったか。言葉だけで伝えようとしなかったか。何かこだわりがあったのではないか。

叱らずにしつける方法はあります。次に注意をするときに改善していけば大丈夫。注意の仕方だって失敗を繰り返しながらうまくなっていくものですよ。

こうしよう！▼**第一声で叱るのを終えよう**

6 叱っても笑顔なのはどうして？

特徴がでやすいタイプ ADHD ASD LD

叱られている最中に笑っていたり、ヘラヘラしながら謝っている…。

このような発達っ子の場合、怒っていることを理解していなかったり、怒っている姿が楽しくて怒らせているのかもしれません。

叱る、もしくは相手が怒っているのは、こちらの不利益を相手に伝える手段です。それが伝わっていない場合、なぜ不利益かを理解できていない可能性があります。ただ怒る、叱るのではなく、どうしてほしかったのかを子どもがわかるように伝えてあげましょう。

叱られて悲しい顔をしてほしいわけではなく、相手の困りごと、嫌なことを理解し、繰り返さないことを学んでほしいですからね。

こうしょう！▼どうして欲しかったのか言ってみよう

7

特徴がでやすいタイプ ADHD ASD LD

ひどい言葉で言い返されてしまう

口を開けば「あっち行け！」、ちょっと注意したら「バカ！」など、できたら使ってほしくない言葉ばかり…。

言葉でのコミュニケーションが苦手な発達っ子は、困っていることも、イヤなことも、悲しいことも、全部「あっち行け！」など同じ言葉になってしまうことがあります。そんなときはお子さんの状況や気持ちを表す言葉を、代わりにかけてあげてください。

「やりたくないんだね」「ひとりになりたいんだね」「イヤなんだね」「怒ってるんだね」など、自分の気持ちを表す言葉を知ることで、自分の気持ちを伝えられるようになると、周囲の人からの誤解が減り、支援もしやすくなります。

こうしよう！▼ 気持ちを言い換えてあげよう

8 叱っても子どものパニックで終わってしまう

特徴がでやすいタイプ ADHD ASD LD

発達っ子が叱られるとパニックになってしまうのは、叱っている人が「怖い」からです。叱られているという認識はありません。ただただ恐怖を感じているのです。

叱り方を振り返ってみましょう。

- 感情に任せて叱っていないか
- 大きな声を出して叱っていないか
- 物を強くたたいて気を引こうとしなかったか
- 手や物を強くつかんだりしていないか
- あいまいな言い方で混乱させていないか

感情のコントロールは大人でも難しいことですが、やめてほしいことを伝えるときは、「冷静に、具体的に、ひとつだけ」を忘れないようにしてみてください。

こうしよう！▼やめてほしいことは「冷静に、具体的に、ひとつだけ」

9

特徴がでやすいタイプ　ADHD　ASD　LD

肯定言葉で接しないとダメ？

私の体操教室では子どもへの声かけは肯定言葉を使うことを徹底しています。たとえば、「走らない！」ではなく「歩こうね」と言えば、何をすればいいのか明確で理解しやすいですし、否定しないので自己肯定感を下げにくいからです。

とはいえ、慣れないとなかなか出てこないのが肯定言葉です。肯定言葉への変換が苦手という親御さんの声も聞きます。また「〜ない」と言ってしまった…とネガティブに捉えず、今日は否定言葉より肯定言葉をひとつ多く言えたからOK、くらいのゆるいスタンスで始めてみてはいかがでしょうか。大人だって少しずつできるようになったらいいんです。P118に変換表を掲載しました。声かけの参考に使っていただけたらと思います。

こうしよう！▼ 1日の中で肯定言葉が多ければOK

10

特徴がでやすいタイプ ADHD ASD LD

叱り過ぎて自己嫌悪

叱り過ぎてしまったときは自分をフォローしてあげることも忘れないでください。発達っ子も頑張っていますが、サポートしている保護者の方も毎日必死に頑張っているのです。

小さなことにイラついてしまい叱ってばかりになっているのは、自分に余裕がなくなっているサインです。少し長めにおふろに入ったり、甘いものを食べたり、自分をいたわってあげてください。親が休むなんてとんでもないと思わずに、時には頼れる人や専門機関にお子さんをみてもらい、リフレッシュする時間を持ちましょう。親に余裕ができることは、子どものため、家庭円満のためになりますからね。

こうしよう！
叱り過ぎは疲れているサイン。自分をいたわろう

わっか連続ジャンプ

期待できる効果

距離の見積もり力アップ、力の制御

やり方

ひもなどで作った直径30cmほどのわっかを複数置き、その上をジャンプで移動してもらいます。わっかの置き方は、はじめは近い距離にし、少しずつひとつひとつの距離を離していきます。間隔は一定にしたり、一定ではない状態にしたりして、少しずつ難易度を上げていきましょう。

わっか→○

例：「○○○○」→「○　○　○　○」→「○　○○　○」→
「○　○　○○」

バスタオルそり

期待できる効果

感覚統合の強化、バランス感覚アップ

やり方

子どもにバスタオルの上に座ってもらい、それを大人が引っ張ります。最初はゆっくりと、子どもがうまくバランスを取ろうとしているのを確認しながら引っ張ってあげてください。

カードマッチング

期待できる効果

聴覚情報処理能力アップ、ワーキングメモリーの強化

やり方

折り紙で6〜10枚程度の色カードを作ります。色カードを子どもにも持ってもらいます。大人が「赤置いて、黄色置いて」や「赤取って、青と緑置いて」などと口頭での指示を複数回繰り返します。このとき、大人も同じように行います。最終的に大人と同じ色が置かれているかを見ます。集中力の持続力アップも見込めます。

第8章

成長の悩みは尽きません

保育園の前で
保育園行かない
プイ
ね？
もうお仕事の時間なの
お迎えくるから、ね？
行かない！
おあずかりしますね～
ママー
お願いします

お迎えのとき
ただいまー
おーい ケンタ〜
ブーン
イタイ
ママが お迎え きたよ〜
お母さん じつは今日 〇〇くんを 叩いてしまって…
またですか!?
お片づけの時間に まだ遊びたかったみたいで
注意した子に 手が出たみたいなんです…
さよならー
さよならー
どよーん
ほかの子はあんなに スムーズなのに… 発達に遅れがあるの…？

発達のスピードは本当に人それぞれ。できないことを嘆くよりもお子さんの困りごとを解決することが大切です
僕はゆっくり…
私は早い…
発達スピード…
できないことを指摘され続けてストレスが大きいと「二次障害」を誘発してしまうことがあります
二次障害
二次障害

自信がなくなり
自己肯定感が
下がる負のループ
に入ることで、うつや
不安障害、暴力など
さまざまな症状を引き
起こしてしまうんです
うつ病
不安障害
暴力
え〜〜!
お子さんの話に耳を傾ける
小さな「できた!」を
発見する…そんなこと
でも成長度合いは
加速していきます
時には一緒に
立ち止まってあげて
くださいね
あのね…
なになに?
よくできたねー!
なるほど…

1

特徴がでやすいタイプ ADHD ASD LD

言葉が出ない

言葉でのコミュニケーションはほかの子どもと比較しやすいので、気になる保護者の方も多いでしょう。発語は個人差が大きいものですが、2歳になっても「パパ」「ママ」などの言葉が出ない場合は医療機関に相談することをおすすめします。

家庭でのおすすめは「実況中継」です。「黄色い花が咲いてるね。キレイだね」「笑ったね」「楽しいね」など、感情や状況を言ってあげるのです。たとえ言葉でつながれなくても、心でつながる体験ができれば、それは心の成長につながります。

わかる言葉が増えることで発語も少しずつ増えていきます。

こうしよう！
▼「実況中継」で感情や状況を知ってもらおう

2 園や学校に行きたがらない

特徴がでやすいタイプ ADHD ASD LD

幼稚園や保育園、小学校などの行き渋りはとても多く受ける相談です。毎日行くものだと思っていると、ついつい「頑張って行ってみよう」と声をかけてしまいがちです。

まずは「行きたくないんだね」と受け止めてあげましょう。感覚過敏によって疲れていたり、ふだんと違うことが起きていて不安を感じていたりするのかもしれません。感情を言葉にするのが苦手な発達っ子が「行きたくない」と主張できたこともひとつの成長と捉えてみてはいかがでしょうか。そのうえで「行かなくてもいい」という選択肢があることを伝えてあげてください。選択肢があるとわかるとホッとしてすんなり行くことも多いです。お休みしたときは家でゆっくりと過ごし、園や学校に連絡をして何があったか確認し、お子さんの不安を取り除いてあげてください。

こうしよう！▼「行かなくてもいい」ことを伝えてあげよう

3 目が合わない

特徴がでやすいタイプ ADHD ASD LD

発達障害には目が合いにくいという特性もあります。脳の機能の問題であったり、表情は常に変化するのでそれが怖いと感じたり、視線を合わせる重要性を理解していないということもあったりするそうです。

極端なたとえですが、食事中にグロテスクな写真を見せられるような不快さと同じぐらいに感じる子もいます。これは苦行を続けるようなもので心に重大な影響を与えます。大事なのは目を見ることではなく、見ているように見せて苦しくないように対応できる方法を身につけることです。鼻に注目するなど目が合わないことに気づかれにくく、社会的な不利益も少ない方法を教えてあげましょう。

こうしよう！▼ 会話では「鼻」を見ることを教えよう

4

特徴がでやすいタイプ ADHD

体が動いてしまう

ＡＤＨＤの発達っ子は「多動」というくらいですから、動いていたいという欲求を自分で止めることができません。「じっとして！」「落ち着きなさい」と注意しても効果は低いでしょう。

このようなときは積極的にお手伝いをお願いしたり、食事など座っていなければならない場面でもお皿を持ってきてもらったりして動く機会をつくってあげるといいでしょう。

動けない場所では「この本一緒に読んでみよう」など声を出させるようにしたり、お手玉や柔らかいボールを握るなどして手を動かせるようにしたりすると動きたい欲求を満足させてあげられます。

こうしよう！▼動く機会をつくってあげよう

5

特徴がでやすいタイプ　ADHD　ASD　LD

自分でやってほしいけど…

子育ての最終目標は自立させることではないでしょうか。それは障害のあるなしにかかわらず自分でできることは自分でし、できない場合は助けを求め、誰かが困っていたら助けてあげる——。これが社会で生きることだと思います。

「発達っ子だから」「癇癪は大変だから」といって何でもやってあげたり、先回りしていては成長の機会を奪ってしまいます。できるだけスモールステップで「できた！」の達成感を積み重ねていけば、自ら動くようになります。

わからないときや困ったときは「教えてほしい」ことを伝えるのは悪いことではないことを教えてあげることも重要です。

こうしよう！▼ 小さなできた！を見逃さずにほめてあげよう

6

特徴がでやすいタイプ ADHD ASD LD

すぐに耳をふさぐ

音をどんなふうに感じているのかはその子にしかわかりません。素敵なメロディーも、ただの生活音も、もしかしたらガラスや黒板をひっかくような非常に不快な音として聞こえている可能性があります。

聴覚過敏のある発達っ子には音の刺激を少なくする工夫が必要です。家電の電子音は小さくする、掃除機を使うときは音が出ると教えてあげる、椅子の脚にはカバーをつける、外出先ではイヤーマフや耳栓を使うなど、不快な音を感じづらくする環境を整えてあげましょう。

感覚の過敏さは体調によって左右される一方、外出先での不意なサイレンや大きな音で不安になったり気分が悪くなったりしてしまうケースがあることも考慮しておきましょう。

こうしよう！▼ **イヤーマフや耳栓を活用しよう**

7 あいさつができない

特徴がでやすいタイプ ADHD ASD LD

あいさつはとてもあいまいなものです。どんなときに何と言えばいいのかわかっていない可能性があります。「あいさつしなさい！」と口うるさく言っても、あいさつはイヤなものだという認識になってしまうだけです。

また、あいさつはルール付けするのが難しく、あいさつが気持ちよく感じない子もいます。声を出さなくても会釈や小さな声でもあいさつするなどのハードルの低いやり方を教えてあげ、できたらほめるなどで社会のマナーを身につけさせてあげましょう。

こうしよう！▼「会釈」にチャレンジしてみよう

8 固まってしまう

特徴がでやすいタイプ ADHD ASD LD

困ったこと、イヤなことがあると大声で泣き叫ぶようなパニックを起こす子がいる一方で、どうしたらいいかわからず動けなくなってしまう「フリーズ」を起こしてしまう発達っ子もいます。

無表情で黙っていたり、しくしく泣いていたりするので周囲からは状態を理解されにくいことが多いようです。

「泣いてちゃわからない！」「どうしたのっ！」など追い打ちをかけるようなことはせず、様子を見守り落ち着いたら「イヤなことがあったのかな」「困ってるのかな」と優しく理由を聞いてあげましょう。

困ってます、助けてくださいと言えばいいことを伝え、練習しておくと行動範囲が広がってからも役立ちます。

こうしよう！ ▼ 「フリーズ」を起こしていることに気づこう

9

特徴がでやすいタイプ ADHD

会話がかみ合わない

言葉の発達に遅れがなくても、相手には興味がない話を一方的に話し続けてしまったり、思いついたことを深く考えずに話してしまったりとコミュニケーションがうまくいっていないことがあります。

これは情報整理が苦手で衝動的に言いたいことを思いついたままに話し続けるマシンガントークになってしまうからでしょう。ＡＤＨＤの子にとって「言いたい」という気持ちを抑えることは難しいことなのです。

まずは聞き手が、子どもの言いたいことをくみ取り「つまり～～ということ？」と聞いてあげましょう。自分の言いたかったことが何だったのか気づく習慣が会話に変化をもたらします。

また、事実だとしても容姿や相手の苦手なことなどを話題にしないことは根気強く伝えてあげてください。

こうしよう！ ▼ 会話の要約をしてあげよう

10

特徴がでやすいタイプ ADHD ASD LD

YouTubeがやめられない

興味があることへのこだわりが強く、どんどん深掘りしていく特性のある発達っ子はYouTubeとの相性がよく、やめられなくて困っている親御さんが非常に多いようです。

ずっと見続けてしまうのは問題ですが、視覚優位の発達っ子は知識のインプットに使えたり、自分で見るものを決められたりとデメリットばかりではありません。ここはうまくごほうび的に活用することをおすすめします。また、何を見たら終わりにするのかを自分で決めさせると、「勝手に決めた」とおしまいのタイミングで反発されず、切り替えがスムーズにいきやすくなります。

こうしよう！▼ YouTubeはごほうびとして活用しよう

スカーフ隠しゲーム

期待できる効果

固有受容覚の育成、握力のアップ

やり方

隠し役（複数人）と見つけ役（1人）に分かれます。

隠し役は相談してスカーフを隠す人を1人決めます。見つけ役はその間見ないようにします。選ばれた隠す人は、スカーフを両手、または片手の中に隠します。見つけ役は、誰がスカーフを持っているのかを当てるというゲームです。片手に隠す方が難易度が高いです。

息吹きボールゲーム

期待できる効果

口輪筋の強化、発語の促進

やり方

ピンポン玉を吹く息で動かすゲームです。

ピンポン玉がはまるくらいの穴が複数開いたボードを作ります。息でピンポン玉を動かし穴に入れていきましょう。

発語を目的として行う場合は、はじめは息だけで行い、それができるようになったら「ぶぅー！」と破裂音などを言いながら息を吐くようにしていきましょう。

ストローさしリレー

期待できる効果

目と手の協応性の強化、微細運動の強化

やり方

並べられたペットボトルにストローを順次入れていきます。

ペットボトルを机の上に置くか、床に置くかなどで体との距離が変わり、難易度を調整することができます。

第9章

効果倍増の「ほめ方」ってある?

ぼろ
ぼろ
ギ
気をつけて！
こぼしてるよ！
またこぼす！
お口にごはんが入ったね～
ニコニコ
うん
うん
おいしかったー!!
全部食べたねすごい！
なでなで

またいっぱい
食べるーー！
ハッ!?
いつもだったら…
もういらない～
ガシャーン…
すごいね！
きょとん…？
ほめるのって難しい…
トホホ…

親はできるようになってほしいからついつい「できないこと」に目がいっちゃうんですよね
またこぼした
発達がゆっくりで偏りがあるからこそ「できること」にフォーカスしてほしいな
「できること フォーカス」
ぜんぶ たべれた
できないことを指摘するよりもできることによって自信をつけていくほうが子どもは伸びていきます
ほめられたから自信になった

ウロウロ
ウロウロ
僕もいまだにうっかりが多いしじっとしてるのも苦手だし
私も忘れっぽいし…発達障害のことを知らない人からは怒られるようなことばかり…
あれ？何だっけ？
だからこそ小さなことでもどんどんほめてあげたらいいよね！
たとえばお着替えだったら「洋服選べたね」「手を通せたね」などできたことを笑顔で言うだけでもほめにつながりますから！
手を通せたねー

1

特徴がでやすいタイプ ADHD ASD LD

すごいね！ できたね！ だけでいいの？

発達っ子に指示をするときは「具体的に」というのがポイントです。ほめるときも同じです。「すごいね」「できたね」「えらいよ」などのほめ言葉だけでは何をほめられているかわかりません。

また、名前を呼ばれないと自分がほめられていると認知できない場合もあるので「○○ちゃん、靴を玄関にそろえられてえらいね」「○○くん、自動車をおもちゃ箱の中に入れられて、お片づけができたんだね！」など、よいことを具体的にやろうとしているときに言ってあげてください。

よい行動が増えれば相対的に問題行動も減っていきます。特に叱られることが多いＡＤＨＤの発達っ子は、ほめられることでよりやる気が出てくるタイプです。ほめて悪いことはひとつもないので、どんどんほめてあげてくださいね！

こうしよう！▼やろうとしているときに「具体的」に！

2

特徴がでやすいタイプ　ADHD　ASD　LD

もっと自信をつけさせてあげたい

発達っ子の特性上、スムーズにできなかったり、ふざけている・怠けていると勘違いされたりしてまわりから叱られることが多くなってしまうことがあります。そのため、「自分にはできない」と思ってしまうことがあるようです。

そこでほめるときにはどれだけ成長しているのかがわかるよう、取り組んだことやよくなった部分だけほめてください。

「今日は2回でおしまいにできたね！　すごい！」「逆上がりで体と鉄棒がぐっと近づくようになったね！」

成長度合いがわかると、自分もできてるんだという認知となり、それは自信へとつながります。

「前回より10点アップしたね」のように結果や比較をポイントにしたほめ方はプレッシャーとなり、子どもを追い込みかねないのでしないようにしましょう。

こうしよう！ ▼ よくなったことにフォーカス！

3

特徴がでやすいタイプ ADHD ASD LD

ほめているけど伝わってないみたい

脳のワーキングメモリーが低い発達っ子には、「今日は朝、元気よくごあいさつできてえらかったね」と夕方話してもその行動自体を忘れてしまっていることがあります。

やろうとした瞬間や、やった瞬間に必ずほめてあげてください。せめてタイミングを逃さないように、行動の3秒以内にほめてあげましょう。

できて当たり前のことも発達っ子にとっては何倍ものエネルギーで行っているのですから、ほめるほうもふだんよりエネルギーを使って大きな声でハッキリと伝えてあげてくださいね。

こうしよう！
▼ **やろうとした瞬間や、やった直後ほめよう**

4

特徴がでやすいタイプ ADHD ASD LD

ほめるポイントがわからない

障害のあるなしにかかわらず、成長段階の子どもに「できて当たり前のことはない」というふうに考えてみてはいかがでしょうか？

そうやってお子さんを見つめ直してみると…朝起きることも、着替えをすることも、顔を洗うことも、ぜーんぶほめポイントです！

「元気にお返事できたね」「今まっすぐ歩けてる！」「○描いたの！　すごいね〜」こんなふうに子どもを実況中継してあげるだけでも、子どもにとっては自分を丸ごと認められているように感じて嬉しいものです。

何かを達成しなければ、完璧にできなければ、100点でなければほめてもらえない…。不器用な発達っ子にはハードルが高く、できないたびに自己肯定感が下がってしまいます。「今君ができてることにちゃんと気づいているよ」ということをどんどん伝えてあげてくださいね。

こうしよう！▼子どもの実況中継をしよう

5

特徴がでやすいタイプ ADHD ASD LD

やる気を出してほしい

誰でもほめられるともっと頑張ろうと思うものです。とはいえ、ただほめられているだけだとマンネリ化してしまい、やる気も出にくいもの…。

こんなときこそ「ごほうび」の出番です。

ポイントは「○○してあげるからやってみよう！」と誘うのではなく、できたときに「ちゃんと手洗えたね！ 今日は○○の大好きなおやつだよ」と嬉しいこともセットで伝えてあげるのです。

いいことをしたらメリットがあるかもしれないと思うと、よりやる気が出てきます。

こうしよう！ ▼ マンネリ解消にごほうびを活用しよう

6 できなかったときはどう励ます？

特徴がでやすいタイプ ADHD ASD LD

失敗したとき、ちょっとしたことで落ち込んでしまったとき、なかなか立ち直れずにいるときは「悔しかったんだね。でも挑戦してすごいと思った」のように子どもの気持ちを受け入れ、よかった部分を評価してあげてください。

そうして「大好きだよ」と愛情を伝えてあげてください。言葉での励ましよりも何よりも、安心でき、落ち着く特効薬です。

日本では愛情表現はあまり一般的ではないかもしれませんが、子どもにとって一番力になるのは親からの愛情です。空気を読んだり、あいまいな言葉を理解するのが苦手な発達っ子ですから、愛情表現はストレートにたくさんしてあげてください。愛されているという実感は自己肯定感を育てることにもつながります。

こうしよう！▼ハグして大好き！を伝えよう

7

失敗することをイヤがって挑戦しようとしない

ＡＤＨＤの発達っ子には忘れっぽかったり気の向くままに行動してしまったりして、頻繁に注意されたり叱られ続けて、自己肯定感が低くなっている子がいます。

失敗を恐れてやろうとしない子にはたくさんの成功体験が必要です。たとえばトイレトレーニング中なら「トイレまで歩いてこれたね！」「ドアを自分で開けられたよ！　すごい！」「ズボン、自分で脱げた！　さすが！」というふうにスモールステップで結果だけでなく、過程もほめてあげてください。

そして「今回は間に合わなかったけど、自分でズボンを脱ぐところまでできたよね！　次は脱ぐのを早くしてみたらおしっこに間に合うと思うよ」と、こうしたらうまくいくという方法をほめながら教えてあげましょう。失敗したイヤな記憶ではなく、挑戦への意欲につながります。

こうしよう！ ▼ スモールステップでほめまくろう

8

特徴がでやすいタイプ ADHD ASD LD

「見守る」ことがうまくできません

育児書などによく書いてある「見守る」子育て。見守るつもりがあれこれ口も手も出ていたり、逆につい放置してしまったりと難しいと感じている方は多いようです。

子どもは信頼できる大人が側にいるだけで安心して作業に取り組めるものです。圧をかけるようにじっと見るのではなく、優しく側にいるイメージで子どもの行動を見てあげましょう。こちらを見ればほほえんであげるといいですし、あちこちに興味がいくタイプの発達っ子なら「上着を着たら靴をはこうか」などタイミングを見て次にやることを教えてあげたらいいと思います。見守るといってもただ見ているだけではないのです。

とはいえ、やはり子どもを見守るには親にも余裕があることが必須です。急いでいるときなどは無理せず！

こうしよう！▼ 余裕のあるときにやってみよう

9

ごほうびで釣ってばかりでいいのかな

特徴がでやすいタイプ ADHD ASD LD

ごほうびで頑張らせていいのかな？

ごほうびがないと何もやらないようにならない？

親ならば直面する「ごほうび」問題。時には大好きなお菓子を買ってあげたり、見たいテレビを見せるなどのごほうびもあっていいと思います。

大切なのはタイミングとごほうびの出し方です。「○○したら○○できるよ」という言い方は、子どもをコントロールしてしまう声かけですし、もので行動を釣る行為です。要求がだんだん大きくなってしまい、ごほうびだと本人が感じなくなると何もしなくなり、大人が子どもに振り回されるようになってしまいます。

そこでごほうびは宣言するのではなく、いいことをしたときにサプライズで出してあげるようにしましょう。いいことをすると嬉しいことがあるかもと頑張ってくれるようになります。

こうしよう！ ▼ ごほうびはサプライズで！

10

特徴がでやすいタイプ ADHD ASD LD

ご機嫌取りになってるかも

子どもの機嫌を損ねないようにするために、ほめたりごほうびをあげたりしている気がするのなら、子どもの「できた！」を保護者も実感できるようにするのがポイントです。

着替える、靴をそろえる、手を洗うなど日常のルーティンや約束が守れたときにごほうびシールをあげて貼ってもらいましょう。子どもも大人もどれくらい「できた！」があったのか視覚でもわかります。ときどき、「シールがこんなにたくさんになったね。いっぱい頑張ったんだ。すごいなぁ」と振り返ると、さらなるやる気につながります。ごほうびの本質はご機嫌取りではなく、行動の強化ですからね。

こうしよう！ ▼ ごほうびシールで「できた！」を実感してもらおう

大紙吹雪

期待できる効果

共感力アップ、体の使い方の促進

やり方

たくさんの紙吹雪を作り、まいて楽しみます。お友達がいれば、一緒に撒くなど目的を共有して遊ぶことで他者との遊びの経験にもなります。また、上に投げる力を調整する、思いっきり投げるとまきにくいなど、物や目的によって動かし方や力の入れ方が違うという身体面での気づきも。

ビー玉アート

期待できる効果

協調運動の促進、概念形成

やり方

絵の具などで色を付けたビー玉を画用紙の上にのせます。そのまま両手で画用紙を持ち、ビー玉を転がしてアートを作ります。ビー玉を触れずに動かすことで、画用紙の傾きやビー玉を操作する力の強弱などを使う「力の見積もり」などの育成につながります。色を混ぜることで色の分別など、概念の形成にも関与していきます。

虫取りごっこ

期待できる効果

視野を広げる、視覚の使い方の育成、共感力アップ

やり方

虫を描いた紙を部屋の壁や机の下、足元など様々なところに置き、子どもに探し集めてもらいます。一度に複数のことを処理することが苦手なシングルフォーカスの特徴がある子の視野を広げ、遠くから複数のものに視点を向けるなど視覚の使い方が学べます。虫以外でもキャラクターなど本人が好きな物を集めるとより効果が高いです。共感が弱い子には、ヒントを出す際に指で空中に円を書くなどして「この辺にあるかもね」や「僕が見ているとこにあるかも」など、その人の意図に意識を向ける伝え方をすることで相手の考えや伝えたいことに意識を向きやすくします。

第10章

大人だって
わからない

今日もできなかった…
私がしっかりしなきゃいけないのに…
将来どうなるんだろ～
不安
大丈夫ですよ
僕たち2人とも発達障害ですけどけっこう楽しくやってます
今考えれば親は大変だったと思うけど…
好きなことだけは集中してたな

コラ！
もう終わりだよ
くるん
できた
好きなことやめられなかった
しみじみ…
大変だったはずだけど…楽しかったな
せんせい…
僕らの頃はまだ発達障害なんて言葉がなかったから配慮とかもなくて親にも先生にも怒られてばかりだったけど…
上達したね…
それでも親はしっかりと尊重してくれたんですよね

「育児に疲れる」「将来が不安」これは子どもへの愛情の裏返しでもあります
こんな疲れ切っている日にはお子さんの横でゆっくり寝てみたらどうでしょう？
子どもと一緒に眠ることができる期間も意外と少ないしね
はっ!!
たったしかに…

障害があってもなくても子育ては十人十色
正解なんて誰にもわかりません
十人十色
でも知ってるとラクになるテクニックはあるからね
みんな十分頑張ってます
お子さんも一生懸命成長しています
ゆっくり休んでまた明日!!

1

正解がわからない

育児の正解ってなんでしょうか？　ちょっと書店に行って育児書コーナーを見てみてください。たくさんの本があって、それぞれの人に持論がありますね。それくらい、育児に悩んでいる人がいて、それぞれの正解があるということなんです。私の主宰する教室でもお子さんが自分らしさを形作り、次々と新しいことにチャレンジするチカラを生みだすことができるよう、日々創意工夫をしています。

もしも正解があるとすれば、お子さんが目を輝かせながら夢中になって取り組むことができるような環境があるかどうか。子どもたちには、夢中になり、自分を肯定できる環境が必要です。この環境下で、子どもたちの「ココロ」が育ちます。この先どんな未来がやってこようと、夢中になるチカラがあれば、きっと世界を面白く生きられるはずですから！

こうしよう！▼子どもが「夢中」になっているものがあればＯＫ！

2 責任を感じる

発達障害と遺伝を紐づける明確なエビデンスはありません。ですから、「発達障害のある体に産んでしまった」「発達障害があるのは私のせい…」なんて自分を責める必要はまったくありません。

もしも発達っ子の生きづらさに責任を負うべきものがあるとすれば、それは親御さんご自身ではなく、「こうあるべき」という枠が極端に狭い価値観が蔓延している社会構造そのものではないでしょうか。

私はこの数年で発達っ子をサポートするサービスや仕組みが随分増えたと感じています。それは発達っ子だけでなく、親御さんのサポートも含まれます。ぜひ、積極的にそういった場所に行ってみてください。誰もあなたを否定したり、責任を問いただすことなんてしません。むしろ、これまでの頑張りを認めてくれるでしょう。

こうしよう！▼自分を肯定してくれる場に行きましょう

3

ただただつらい

ASDの発達っ子の家族、特にお母さんに高い確率で気分障害、うつ病が発症するという調査結果があります。

感覚過敏やパニックの起こしやすさ、こだわりの強さは育児負担につながります。子育てのうまくいかなさ感によって自己評価が低くなってしまうことも影響しているのでしょう。

ひとりで抱え込むのはやめましょう。

リフレッシュする時間を持ちましょう。

発達っ子をサポートする機関はお子さんの成長のためでもありますが、親御さんが不安を吐き出す場になったり、プライベート時間を確保したりするためのものでもあります。

こうしよう！▼ひとりで抱え込まずに、専門機関へ

4 手が足りない

どんな子でも育児中は手が足りないと感じるものですが、特性を持つ発達っ子の場合はより頻繁にそう感じることでしょう。真面目で愛情深い人ほど、自分が頑張らなければとひとりで抱え込んでしまう傾向にあります。

その子の特性に合った適切な支援ができれば、日常のルーティンがぐっとスムーズに進みます。診断名がつくのが不安、ショックと感じる方もいるかもしれません。しかし、診断名は親を含めたサポートする側の理解と支援の手だてを教えてくれるものだとしたらどうでしょう。障害によっては公的な支援制度もあります。自治体（保健所、児童発達支援センターなど）による相談やアドバイスは原則無料です。身近にサポーターを増やすためにもまずは相談に行ってみましょう。

こうしよう！▼自治体の相談窓口に行ってみよう

5

将来が不安

子どもの進学、就職、結婚…。親としてはできるだけ苦労せず、安定した人生を歩んでほしいと願うものではないでしょうか。

少し枠から外れてしまったわが子。いったい将来はどうなってしまうのか――。不安で眠れない日もあるかもしれません。

そんな日は子どもの成長を振り返り、ここまで生きてこられたこと、できるようになったことが増えたことなど「今」の幸せをかみしめてください。

社会はどんどん変わっていきます。これからは多様性の時代、ＡＩの時代だともいわれています。お子さんが人生をかけて打ち込めることが見つかるよう、日々サポートしていきましょう。

こうしよう！▼「今」の幸せを大切にしよう

6 まわりに知られたくない

まわりに知られたくないと感じるのは、心ない言葉や態度を投げかけられたり示されたりするかもしれないと思ってしまうからでしょうね。その気持ちわかります。断片的な知識で判断する人はいますからね。

けれどもそういった人だけではありません。幼稚園や保育園、小学校には知らせておいたほうが連携がスムーズにいったり、その子の特性に合った支援をしてくれたりします。また、お友達と一緒のときも、特性を知ってもらっているほうがトラブルになりにくいようです。

とはいえカミングアウトしにくいという場合は、同じ発達っ子を持つ親や家族の会などに参加して悩みや困りごとを共有してみてはいかがでしょうか。それだけでもストレスが緩和されますよ。

こうしよう！▼ 別の発達っ子の親に会ってみよう

7

子どもが発達障害なのを受け入れがたい

発達障害は脳の特性ですから、治るものでも、治すものでもありません。発達障害は発達を阻害しているのではなく、社会生活を送るうえでの障害を持っている状態ともいえるでしょう。

子育てのゴールを子どもが自立して社会で生きていくこととするならば、発達障害の有無にかかわらず、その子が生きやすい力を身につけさせてあげることは親の役目であるといえるのではないでしょうか。そのときに、子どもの脳の特性についての知識があるとサポートもしやすくなります。

こうしよう！ ▼ 脳の特性を知っておくと子育てがラクになる

8 身近な人の理解が足りずストレス

世代や価値観の違いによって、発達障害について理解してもらえないこともあると思います。祖父母や親族など身近な人に、「育て方が悪い」「気にし過ぎ」なんて言われてしまうと悲しいし、大きなストレスですよね。

言いたいことだけ言って、子どもの成長になんの貢献もしてくれないのだったら、ここは思い切って離れてしまうことをおすすめします。

助けてくれる人、理解を示してくれる人はほかにもたくさんいます。そういった人と、お子さんをよりよい方向に育てていく方法を模索していったほうがずっと有益です。

こうしよう！ ▼ ストレスのもととは潔く離れよう

9 夫婦で教育方針が違う

子育ては本来ならば、夫婦で大変なことや嬉しさを共有したり、支え合ったりすることが大切です。しかし、ひとたび教育方針が違うとささいなことでも注意し合い、ののしり合い、挙句の果てには離婚ということにも。

実際に現場で相談を受けるケースも多いのです。このような場合、夫婦でいくら話し合っても平行線のままのほうが多いです。

発達障害者支援センターや児童相談所などで、第三者を交えて思っていることを話し合いましょう。専門の職員からの適切なアドバイスなら双方納得できる場合が多いです。

また、余裕がなくなっていると相手を受け入れにくくなるので、一時預かりを利用する、家電を導入するなど休憩できる環境を整えておくこともやってみてください。

こうしよう！ ▼ 第三者を交えて話そう

10

子どもへのイライラをなんとかしたい

正直な話、私たちは仕事でお子さんを短時間だけ預かる立場ですが、それでも子どもたちの言動にムカッとしたりイラッとしたりすることもあります。できるだけ心を無にするようにしていますが、人間ですから完璧にはできません。

日々の生活をともにするとなると、イライラするシーンもたくさんあると思います。まずは現状維持でもOKだと思ってみてはいかがでしょうか？

たとえ発達のスピードがのんびりでも、できるようになったことはたくさんあるはずです。イライラするのもできることが増えたから。今は少しだけ足踏みしている状態なんだと割り切り、できるようになったことを振り返ってみましょう。ざらついた気持ちが温かいものに変わってきませんか？

こうしよう！▼できるようになったことを数えてみよう

バランスボール

期待できる効果

視点調整機能の強化、姿勢保持

やり方

バランスボールに一緒に乗ったり後ろから支えながら跳ねたりして楽しみましょう。揺れに対して視点を調整する機能に介入していきます。こけやすい、姿勢を保ちにくい、ぶつかりやすいなどの原因にもアプローチします。

ひっかきアート

期待できる効果

指先操作の向上

やり方

画用紙に様々な色のクレヨンで塗りつぶします。その上から黒のクレヨンで塗りつぶしてください。台紙の完成です。黒の台紙を竹串などでなぞると黒色が取れ、下地の色を出して楽しみます。鉛筆などをグーで握っている場合、竹串のかわりにグーで握れないくらい太めの棒や手全体でつかめるような三角錐物を代用することで、指先を必然的に使える動作につながります。書いているときの振動や感触などの刺激が指先に入ることで、指先の感覚を上手に認識していく練習にもつながっていきます。

箱庭作り

期待できる効果

コミュニケーション力アップ、手の感覚強化

やり方

箱の中におもちゃや木の枝、葉っぱ、石ころなど自然の素材やペットボトル、トイレットペーパーの芯など生活で触れるものを使って街を作ります。道具を使用した遊び方の工夫につながります。ざらざらやサラサラなど様々な感覚に触れ、手の感覚や概念を増やしていきます。その子の世界観ができるので、大人は世界観に入りこみ積極的に会話を楽しみましょう。コミュニケーションの学習などにつながります。

大新聞紙じゃんけん

期待できる効果

勝ち負けの概念形成

やり方

じゃんけんをして負けたほう、もしくは勝ったほうが新聞を折りたたむというルールを決めます。それぞれ広げた新聞の上に立ち、じゃんけんをして該当したほうが折り曲げていきます。最後まで新聞から落ちないようにバランスを保つゲームです。勝ち負けのこだわりが強い子に対しては、勝ったほうが新聞をたたむなどして、勝ったのに良くないことが起きた、逆に負けたのにたたまなくても良いなどの経験を通じて、勝ち負けの概念や捉え方の極端さを崩しやすくします。

数字タッチ

期待できる効果

数の概念の形成、計画力アップ、集中力アップ

やり方

数字カードを床に置き、手を叩いた数のカードを取ってきてもらいます。①音を聞く②探す③音の数を思い出すなどを計画し、実行する練習になります。ほかの刺激に引っ張られがちで別のことをしてしまう子におすすめです。聞くと数字がわかる状況を遊びで作ることで必要な音を選択し行動するという、音に対しての注意機能の強化にもつながります。

マグネット電車

期待できる効果

視覚と動作の連携強化

やり方

線路を描いた紙の上に磁石を置き、下から磁石で動かします。キャラクターでもOK。手が見えない状態で動かすので、着替えの袖通しや道具の使い方の向上につながります。また、交差した線などをなぞることで追従性眼球運動などの目の運動、体の中心を超える運動などで視覚や動作の情報の交通整理をしやすくなります。書字の習得にもつながります。

発達支援について相談できるところ

保健所・保健センター

地域の保健所や保健センターでも子どもの発達に関する相談を受け付けています。

発達障害者支援センター

発達障害者(児)の支援を総合的に行う専門機関です。各都道府県に設置されています。

http://www.rehab.go.jp/ddis/action/center/

国立障害者リハビリテーションセンターホームページの公式サイト内に一覧あり

児童相談所

子どもについてのさまざまな相談を受け付けています。発達障害専門電話相談を設定している地域もあります。

児童発達支援センター

地域の障害のある子どもに、日常生活の基本的動作の指導や自活に必要な知識、技能を教えたり、集団生活への適応のための訓練を行ったりする施設です。家族からの相談を受け付けたり、支援、助言などもします。

専門医

発達障害専門外来という診療科を持っている総合病院や、小児神経専門医がいる病院で診察、相談することができます。

かかりつけ医

かかりつけ医は病気やけがだけでなく、発育や発達の悩みを相談できる主治医です。生後すぐから同じ病院にかかることで、普段の様子やこれまでの成長を踏まえたアドバイスをもらうことができます。

公的な
支援制度があります

特別支援教育就学奨励費

お子さんが特別支援学校や特別支援学級などに通っている場合に、学校で使う勉強道具や通学費、給食費などに必要な費用の一部を国や地方自治体が補う制度です。

特別児童扶養手当

20歳未満の障害を持つお子さんを扶養している方に支給される手当です。

自立支援医療制度

心身の障害を除去・軽減するための医療について、医療費の自己負担額を軽減する公費負担医療制度です。

療育手帳

知的障害のある方へ交付される障害者手帳で、自治体によって呼び名が異なり「愛の手帳」などと呼ばれることもあります。療育手帳を取得することで公共料金の割引や、助成金制度、税金の軽減など自治体に応じたサポートを受けることができます。

茂木 発達障害は指針となる定義はあるけれど、実際にお子さんに当てはめて診断するのはそんなに簡単なものじゃない。そもそも、「障害」という言葉がついているから誤解されやすいけれど、誰しもが「スペクトラム＝あいまいな境界を持ちながら連続していること」の中にいるんだ。どこからがダメでどこからがいいというわけではなく、脳の個性。発達障害だからダメなんだ…ではなく、ユニークな個性を活かすにはどうしたらいいかが大事なんじゃないかな。

南 そうですね。私自身ＡＤＨＤということがわかってからのほうが人生うまくい

っているように思います。うっかり予定を忘れたり、身の回りの物を置き忘れてきたり、できないことにフォーカスして「何で自分はみんなと同じようにできないんだろう」と悩んでいましたから。

でも症状に名前がつくと、できないことは助けを求め、自分の得意なことに集中することができました。それはほかの人も同じなんですよね。会社にはいろいろな部署があって、様々な人が集まって働いているけれど、各々の特性ってあると思いますから。この人のこれにはかなわないな、みたいなものを各社員から感じますね。

茂木

それでいうと、僕はスポーツが大好きで生涯かけてスポーツをやってみたかった。でもね、偏差値的には30くらいだよ。スポーツの特性は…ないだろうね。へただけど、ラグビーもサッカーもマラソンも本当に好きでね。

でもね、分刻みでいろんなことをやっていて最近思ったんだ。「自分には自分の競技があるんだ」って。そう考えると、自分の得意な競技って必ずあるはずで、自分の競技を見つけること、それこそが人生をかけて探すことなのかもしれないなって思う。

とくに人工知能の時代だから、「こうあるべし」っていう狭い枠に囚われている場合じゃないと思うね。そのあたりどうですか、南氏？

南 そうですね。発達障害だからといって人生の選択肢を狭める必要はないと思いますね。まわりの理解する枠組みが増えているなと感じますし。

僕は学校も勉強も嫌いだったけれど、「あなたには体操があるよ」「体操が合っているよ」と言ってもらえたことがよかったと思っています。「体操なんかしてないでドリルしなさい」なんて頭ごなしに言われてたら…。考えただけでも恐ろしいです。

茂木 すべての子どもって、生まれたときは自信にあふれていて好奇心旺盛で勝手で。それがどこかでシュンとなってしまう。もっと自信にあふれて生きていける世の中になるといいと思うんだけどな。

南　ああしなさい、こうしなさいと言いたくなる気持ちはわかりますけどね。でも発達障害のお子さまがいる家族を見ていると、親御さまがどれだけ受け入れているかでお子さまの様子は変わってくるように思います。

茂木　受け入れているとは？

南　「この子なりのスタンスで成長していくでしょう」と、焦っていない感じでしょうか。そういった家庭のお子さまはその子なりのスピードで社会との適合性を身につけられているように感じます。

茂木　なるほど、親が特性を認められるかどうかは子どもの将来を左右するのかもしれないね。イーロン・マスクだって、幼少期は呼びかけても全く反応しないくらい自分の世界に入っていたらしい。今もかもしれないけど。でも、母親のメイ・

南

マスクは止めなかった。子どもの好きは止められない、見守るのが親の役割だって言っていたけど、その通りだよね。

実生活ではそうも言っていられない場面はたくさんあると思いますが、そのあたりは本書も活用しつつラクをして（笑）。ぜひお子さまの「得意」を見つけ、得意の芽が伸びていくように見守ってもらえるといいなと思います。

〔 著者 〕南友介

ネイス株式会社創業者・CEO。1980年生まれ、大阪府貝塚市出身。元体操選手。幼少期から体操に取り組み、日本体育大学へ進学。全日本体操選手権で銀メダルを獲得する活躍を見せるも、大怪我を負い選手継続を断念。現在は、年延べ100万人以上の子ども達が通う“ココロ”の成長に特化した体操教室や発達支援の教室を全国に100店舗以上展開。教室運営以外にも講演や運動指導者育成にも力を入れている。

〔 監修 〕茂木健一郎

1962年東京生まれ。東京大学理学部、法学部卒業後、東京大学大学院理学系研究科物理学専攻課程修了。理学博士。脳科学者。ソニーコンピュータサイエンス研究所シニアリサーチャー、慶應義塾大学大学院システムデザイン・マネジメント研究科特別研究教授。専門は脳科学、認知科学であり、「クオリア」（感覚の持つ質感）をキーワードとして脳と心の関係を研究するとともに、文芸評論、美術評論にも取り組んでいる。

STAFF

カバー・帯・本文マンガ..........アキワシンヤ
カバー・帯デザイン......................藤塚尚子
本文デザイン・ＤＴＰ..................黒田志麻

1000人《にん》の保護者《ほごしゃ》・保育関係者《ほいくかんけいしゃ》に聞《き》いた困《こま》ってること

発達障害《はったつしょうがい》・グレーゾーンの子《こ》「こんなときどうする？」100の具体策《ぐたいさく》

2024年2月21日　初版発行

著者　南《みなみ》 友介《ゆうすけ》
監修　茂木《もぎ》 健一郎《けんいちろう》

発行者　山下 直久
発行　株式会社KADOKAWA
〒102-8177　東京都千代田区富士見2-13-3
電話0570-002-301（ナビダイヤル）
印刷所　TOPPAN株式会社
製本所　TOPPAN株式会社

お問い合わせ
https://www.kadokawa.co.jp/（「お問い合わせ」へお進みください）
※内容によっては、お答えできない場合があります。
※サポートは日本国内のみとさせていただきます。
※Japanese text only

定価はカバーに表示してあります。

ISBN 978-4-04-606640-4　C0030